穷养男孩的60个细节

范桂芹◎编著

北京工业大学出版社

图书在版编目（CIP）数据

穷养男孩的60个细节 / 范桂芹编著. —北京：北京工业大学出版社，2016.3

ISBN 978-7-5639-4611-2

Ⅰ.①穷… Ⅱ.①范… Ⅲ.①男性－家庭教育 Ⅳ.①G78

中国版本图书馆CIP数据核字(2016)第013249号

穷养男孩的60个细节

编　　著：范桂芹
责任编辑：马潇潇
封面设计：清水设计工作室
出版发行：北京工业大学出版社
（北京市朝阳区平乐园100号　邮编：100124）
010-67391722（传真）　bgdcbs@sina.com
出 版 人：郝　勇
经销单位：全国各地新华书店
承印单位：香河利华文化发展有限公司
开　　本：787毫米×1092毫米　1/16
印　　张：18
字　　数：236千字
版　　次：2016年3月第1版
印　　次：2018年5月第2次印刷
标准书号：ISBN 978-7-5639-4611-2
定　　价：29.80元

前　言

对于家有男孩的父母来说，他们都希望自己的儿子自信、勇敢、果断、坚韧、谦逊有礼、光明磊落……

那么如何将这些对男孩的期望变成现实呢？答案就是：选择正确的教育方式。是的，唯有正确的教育方式才能帮助父母培养出一个优秀的男子汉。而本书提倡的“穷养男孩”的教育方式无疑是父母最合适的选择。

所谓“穷养”，不是刻意追求“劳其筋骨，饿其体肤”，而是在物质上对男孩有所限制，让男孩懂得珍惜和奋斗；要从小培养男孩自立和抵御挫折的能力，让男孩懂得任何东西都要付出劳动才能得来。另外，要培养男孩正确的心态，让他学会接受社会现实，别人拥有的物质财富，自己不要盲目攀比，关键是要用自己的知识和能力去创造财富。

“自古雄才多磨难，从来纨绔少伟男”，成功男性的成长和成熟是一个不断挑战自我的过程。生活在安逸环境中的男孩，容易丧失奋斗的意志，这样的环境也有碍于男孩健康身心的形成，从而使其难以承担在未来社会和家庭中的责任。作为父母，应该让男孩在“穷养”的环境中早点体会生活的艰苦，积累自我奋斗的资本。

男孩需要“穷养”。如果家庭条件不好，对于男孩来说，这本身就是一种财富。所谓“千金难买少年贫”“自古雄才多磨难”。贫寒的家境往往能激发出男孩的斗志，更能培养出男孩坚强的毅力；如果家庭十分富裕，那么通过“穷养”，则可以让男孩逃出“从来纨绔少伟男”的魔咒，成为一个真正的男子汉。

世上没有教不好的男孩，只有不会教的父母，教出好男孩，首先要改变我们的教育思维。其次“穷养”不是打骂以及惩罚，而是给他足够的磨砺以及发展空间。可以说，“穷养”的着眼点，是给男孩一个成功的人生。

我们教育男孩的最终目的是什么呢？对此，美国家庭教育专家詹姆斯·杜布森博士在其《培育男孩》一书中做了回答：“作为父母，目标就是把儿子从‘不成熟的、反复无常的少年转变成诚实而有爱心的男人，他们尊重妇女、忠于婚姻、信守承诺，是果断有力的领袖、优秀的劳动者，保持着健康的男性气质’。”

而我们提倡“穷养”男孩的目的只有一个，就是让孩子变得更加富有。他自身拥有的，比万贯家产更弥足珍贵。有一种财富，是看不见的，属于精神上的财富，比如：坚强、勇敢、意志力、创造力……所有的这些，都是让男孩受用终生的财富。

本书从多个方面诠释了“穷养”男孩的意义，旨在指导父母掌握穷养男孩的方法，注意“穷养”男孩过程中的关键细节，为他创造一个有利于成长的环境，让男孩通过对“穷困”和“艰苦”的切身感受，达到对心志的磨砺和锻炼，让男孩明白生活的艰辛和不易，使其尽早自立自强、肩负重任，最终成长为一个坚强勇敢、健康卓越的优秀男人。

目　　录

第四章　社交能力，成就男孩一生的资本

第五章　养成教育，重视培养男孩的良好习惯

第六章 “穷养”不穷志，自强自立的男孩有出息

第七章 管理好自己就能飞，让男孩成为真正的男子汉

第一章
“穷养”男孩，始于父母养育态度的改变

第一章
“穷养”男孩，
始于父母养育态度的改变

男孩“穷养”，让孩子越来越优秀

俗话说，“穷养儿子富养女”。一直以来，“穷养儿”就是中国父母养儿的“金科玉律”。社会心理学家丹尼尔·科鲁格说：“社会对男人的期望值非常高，给他们造成了巨大的压力，这是有原因的。”和女孩相比，男孩将来要承担社会和家庭的双重压力和责任，面临的竞争也会更激烈，因此无论家境有多好，对男孩绝对不能宠，必须“穷”着养。

“穷养”男孩就是让男孩通过对“穷困”和“艰苦”的切身感受，实现对品行意志的磨砺和锻炼，让男孩明白生活的艰辛，将来能够肩负重任，这将是父母对男孩一生的投资。

但遗憾的是，如今“独生子”“小皇帝”越来越多，而且随着社会经济的进步和父母对孩子宠爱程度的上升，很多男孩缺乏基本生存能力、人际交往能力、语言表达能力和创新能力等，只知凡事都依赖于父母。

周涛的父母是当地的企业家，通过辛苦打拼成立了一个外贸公司。周涛是家里的独生子，平时妈妈对他十分娇惯。周涛在学校整天不学习，眼看快要到高三了，妈妈觉得儿子在国内也不会考上一所好大学，于是就和周涛的爸爸商量，决定把儿子送到国外去接受教育。

一向被娇宠惯了的周涛听到这个消息，非常不乐意。他对妈妈说：“我不去国外，我吃不惯那里的东西。”

妈妈劝他说：“儿子，让你去是为了你好。妈妈不会让你吃苦的，妈妈会给你寄钱，然后定期给你寄好吃的。”

听妈妈这样说，他才同意出国，但是随后又说：“如果我觉得太苦了，受不了了，我就马上坐飞机回来。”妈妈搂着周涛说：“妈妈不会让你吃苦的，妈妈赚钱为什么，不就是为了你吗？”

周涛留学的地方是英国，每年的花费都十分高昂。周涛到了英国后，根本就不好好上课。他开始了自己的旅游计划，找了几个中国朋友，隔三岔五就和他们去旅游或者吃喝。一切费用都是周涛负责，对此周涛打电话跟妈妈说：“我第一次来到这里，对什么都不熟悉，语言又不通，特别想家，所以一定得多交几个中国朋友。”

母亲心疼儿子，又给他寄去一笔钱，并告诉儿子支持他找朋友的做法。周涛整天和朋友游玩，根本不想学习，而且还常常坐头等舱。回国后他跟自己的朋友说：“经济舱根本没办法坐人，那么拥挤。”

周涛回家就是为了能吃到中国菜。他对父母说：“我根本吃不惯英国的东西，我吃两天就开始想家里的菜了，实在忍不住只好跑回来吃一次。妈妈，我要不是为了你，我才不去国外呢！”

周涛每次回家的花费都在一万元人民币左右。除了学校放寒暑假外，每年都要回家五六次。爸爸曾经对儿子这样的做法有意见，但是妈妈说儿子想回来就回来吧，她有钱让儿子享受这个待遇。

但是，天有不测风云。有一年周涛的父母做生意的时候，资金周转出现了问题。妈妈跟周涛说自己遇到了困难，希望得到儿子的支持，但是娇生惯养的周涛根本不知道什么是困难，他还是按照原来的习惯大手大脚地花钱。

周涛在妈妈面前这样说：“妈妈，你得想办法赚钱啊，我已经吃惯了好东西，穿惯了名牌衣服，如果没有这些东西我就没法生活。”妈妈看着周涛的表情，想着平时对儿子无度的宠爱，终于流下了后悔的泪水。

古话说：“艰难困苦，玉汝于成。”男孩要成才，不回避“艰难困苦”，方能“玉汝于成”。让男孩过早地亲近“富”，远避“穷”，看似爱之，实则害之。所以，一定要让男孩在必要的“穷”和“苦”中得到磨炼，懂得以艰苦奋斗为荣，以骄奢淫逸为耻，只有这样才能体会到靠自己的努力争取得来的快乐，所以才懂得珍惜，这对于男孩的自立自强能力也是一种磨炼。

俗话说“穷人的孩子早当家”，所以，无论家境多好，对男孩绝对不能宠，必须穷着养，让他吃得苦中苦，从吃苦中使他的意志得到磨炼，培养其艰苦朴素、吃苦耐劳的作风，仁义孝道的思想，让他从小就明白生活的艰辛。如此，将来方可担负起社会和家庭的重任。无数的例子告诉我们，过多的物质和金钱不仅难以培养男孩独立面对未来的能力和魄力，而且会将他本应具备的能力和积极进取之心彻底地埋葬。正是从这个层面上说，穷养男孩才有了更为深刻的内涵。

张大龙是一名初一的学生，他穿着朴素，生活上很节俭，有时候可以说是有点小气。比如夏天的时候，别的同学都买来各种冰镇饮料解渴，而他只喝白开水。不过他平时对人比较有礼貌，在学校关心同学，尊重老师，凡事都比较谦让，在每位老师眼里张大龙都是一名品学兼优的好学生。如果不是班主任的一次意外家访，谁也不会知道张大龙的爸爸原来是当地最大的民营企业的董事长，他们家的资产已经过亿了。在家访的时候，班主任发现，尽管张大龙的父母十分有钱，但他们还是住在以前的老房子里面，家里的家具也是旧的，他的父母穿着也十分朴素。当时班主任很吃惊，张大龙的爸爸笑着告诉班主任说：“我们从孩子出生的时候，就打算‘穷’着养他，尽管家里条件还不错，但是我和爱人为了给孩子树立一个好榜样，都十分节俭。从大龙小的时候我们就严格要求他，为了把他培养成一个有礼貌、能吃苦的孩子，我们从来不给他穿名牌衣服，用品牌东西，更不主张他上贵族学校，只想让他做个普通的，能吃苦、会生活的孩子，所以我们更多的时候是在注重孩子道德品质的培养，物质上只要过得去就可以了。毕竟孩子将来的路还是要靠他自己走，我们也不能陪着他生活一辈子。” 张大龙爸爸的一番话，让班主任十分佩服，他很欣赏这样的父母，更欣赏他们“穷养”孩子的态度。

从来纨绔少伟男，男孩就要穷着养。对于父母来说，最重要的不是留给男孩万贯家财，不是给男孩设计好人生道路，而是帮助男孩成就自己的人生——让男孩具备积极良好的心态，乐观向上的精神，坚强自信的性格，这样他们才能在走入社会后无惧风雨，闯出自己的一片天地。所以，每个父母都应该树立起“穷养”男孩的意识，主动学习“穷养”男孩的理论和技巧，在教育实践中灵活运用。

1.让男孩适当受点委屈

男孩必须要学会坚强，适当地受点委屈，就会对生活有更深刻的认识。男孩淘气容易做错事，父母给予适当的批评和惩罚是必要的，哪怕他受点委屈，也可算育人的一种策略。这样的男孩，领略过多种情感体验后，逆反心理少，心理承受力强，心态健康，易成大事。

2.让男孩学会独立

一个时时处处都要依靠父母，甚至连基本的生活自理能力都十分缺乏的男孩，将来是没有能力接受社会上各种挑战的。所以，从小就要让男孩学会独立生活，并教导他们独立承担所有力所能及的事，这样的男孩才会有出息。

3.让男孩学会承担责任

责任是男人肩头的“徽章”。因敢于担当，不推卸责任，才让男人更显魅力。所以，父母对男孩要从小进行责任心的教育。让他们未来能担起家庭和社会的双重责任，成为一个顶天立地的男子汉。

4.让男孩体验一些挫折

父母的大包大揽，会让男孩变得意志薄弱、心理承受力差，稍遇打击或挫折就会自暴自弃甚至走向极端。所以，一定要让男孩多经历一些挫折，然后再鼓励他去克服并战胜它们，这样男孩才会越挫越勇。

养育男孩，再富也要“穷”着养

随着经济的飞速增长，中国人的生活条件有了很大的提高，大多数家庭处于“比上不足，比下有余”的状况。过去人们的教育观念都是“再苦不能苦孩子”，如今很多父母更是认为，他们这一代受够了苦，无论如何也不能让下一代再受苦了。因此，他们总是对孩子有求必应。然而金钱却是把双刃剑，用得不好就会伤到自己的孩子。

有这样一个真实的故事：

有一位成功的企业家把他的两个儿子送到美国上大学，其中，一个就读于弗吉尼亚大学，另一个就读于纽约的一所学院。两个孩子的生活费由企业家的秘书负责，每个月各开一张1000美元的支票给企业家的两个儿子。这是他们的“零用钱”，可供他们随意使用。

这位秘书每个月开支票给他们时，真是对这两个男孩感到十分羡慕。他经常抱怨：为什么命运之神要把我降生在贫苦之家。他认为，将来这两个人会在社会上拥有很高的地位，而自己却将一直是个卑微的职员。

后来，两个孩子带着他们的文凭回家来了。他们的父亲是位大富翁，拥有银行、铁路、煤矿及其他各种高价值的财产。他们的父亲已在他的企业中安排了很好的职位给他们。

但是，大学4年的光阴却可以对这些一生都不奋斗的人，做出残酷的安排。这两个男孩不仅从学校带回了文凭，还带回了久经训练的好酒量——因为，他们每个人每月所收到的1000美元，使他们不必去为生活而奋斗，也因此有机会练习酒量。

但是现在，他们的父亲已经破产，他们家那栋豪华住宅已经公开拍卖出售。两兄弟中，有一人死于精神错乱，另一人现在住在精神病院中。

故事的结局就是这样。

当然，并不是所有的富家子弟都有如此悲惨的下场，这只是一个个案。但是，这个事实所反映出来的东西确实值得我们去深思。

道理很简单：再穷不能穷教育，再富不能富男孩。在富养中长大的男孩容易受到迷惑，他们往往会贪图享受，不思进取，不知道苦难为何物，所以没有志向。没有进取心的人，又怎么会有成就呢？当身处逆境饱受磨难时，又如何能够与命运和苦难做斗争呢？所以，父母要“狠”下心来，对男孩进行“穷养”。

其实，不管一个家庭的经济水平如何，都不要一味满足男孩的物质要求，这样做只会把男孩变成一个沉迷于消费且没有创造能力的人。男孩，早晚要离开父母，自己在社会上打拼。平时对男孩“穷”着养，就是为男孩将来成为有用的男子汉打下基础。

有一私营企业老板，是当地人尽皆知的首富，他的教子方式很独特。

他读小学的独生子生活俭朴得令人咋舌：衣着穿戴、零花钱均远不及工薪阶层人家的孩子，而且孩子上学放学也是徒步往返。

有人不解：“你这是何苦呢，不谈高人一等，也不能委屈孩子啊！”

他笑着说：“千金难买幼时艰，孩子还是粗茶淡饭好，他的未来还得靠自己去奋斗。”

这位父亲的“富门寒教”，我们是否应该借鉴一下呢？

男孩要在未来的生活和社会竞争中取得成功，不仅需要掌握各种科学知识和职业技能，还要有肯吃苦、负责任的精神。男孩的天性让他们从襁褓期开始就不会像女孩一样心安理得地接受挫折，也不喜欢坦然接受他人的帮助，但由于父母的娇宠和溺爱，很多富裕家庭中成长的男孩都受不住挫折，依赖心理特别强。

但是，男孩将来不仅要承担家庭的责任、社会责任和压力也与日俱增，他们要面对学业、婚姻、工作及家庭等人生和社会课题。每个人的人生都不会是顺境，更多的时候是逆境，男孩能不能吃苦，在很大程度上决定了他人生的成败。所以，父母即使再富有，也要对男孩“穷”着养，不要让富裕的生活毁了男孩。

蒂姆·海因茨是拥有10亿欧元资产的德国某运输公司董事长的儿子。大学毕业后，他和兄弟姐妹5人每个月只能从父母的财产托管机构得到最低的收入。对此，蒂姆表示：“父母的钱，我无权拥有，也不想拥有。父母把钱用在社会需要的地方，不用在我们的享乐上，这是明智的。父母给我们留下了奋斗的机会。有一天，我也会通过奋斗拥有自己的财产，获得如同父母一样成功的喜悦。”

男孩需要什么：男孩需要爱，男孩需要教育，男孩更需要受苦。男孩终究有一天要长大，要脱离父母的怀抱，振翅高飞，搏击长空，自己去奋斗、去生存。科学的家庭教育，应该从小磨炼他们的“翅膀”，锻炼他们的筋骨，让他们长大后，可以飞得更高、飞得更远、飞得更加顺利。

溺爱，与“穷养”男孩背道而驰

高尔基说过：“爱孩子,这是母鸡也会的事。”的确，疼爱孩子是父母的天性，但是如果疼爱得过了头，那就要变成溺爱了，溺爱只会害了孩子。作为父母，千万不要让溺爱害了孩子。

教育男孩，最忌讳的就是溺爱。一个在溺爱环境中长大的男孩，别指望他将来会有出息。要舍得让男孩吃一点苦头，不要对男孩的要求全部予以满足。以男孩为中心，一味地溺爱，是不利于男孩身心健康的，对他们的成长极为不利。

16岁的张明，在家是皇帝，在学校是混世魔王，在社会上是不良青年。自小，他的父母就对其非常溺爱，张明过着衣来伸手、饭来张口的生活。后来，张明在社会上结识了一些不良青年，整天跟着他们游手好闲。在2011年8月11日晚上，当张明的朋友提出来去抢劫别人时，其便跟着响应，在县政府广场东侧草坪处，对受害人刘翔宇实施抢劫，在抢劫过程中上前搜身，抢得手机一部，现金200元，张明分得50多元。张明尝到了第一次抢劫的甜头，觉得不劳而获的钱太容易赚了。2012年9月17日晚上，再次伙同他人对在兴业县政府楼后面凉亭处的受害人王杰进行抢劫，张明再次搜身，抢得手机及MP3各一部，现金5元。

因父母过度溺爱，使儿子走上犯罪道路并受到了法律制裁，张明因抢劫罪，被判处有期徒刑2年10个月，并处罚金2000元。

上例中惨剧的发生，都是父母溺爱的结果。法国教育家卢梭说：“你知道运用什么方法，一定可以使你的孩子成为不幸的人吗？这个方法就是对他百依百顺。”这就是溺爱。

现在很多男孩都是独生子，成了家庭的中心，“捧在手里怕飞了，含在嘴里怕化了”，呵护有加、爱护过度成了家庭教育的通病。而这种“呵护有加、爱护过度”的家庭教育就是溺爱型教育。所谓溺爱，就是非理性地过度宠爱、迁就、姑息男孩的态度。具体表现为让男孩在家庭中处于特殊的地位，过度保护，将其视为家庭的中心人物；对男孩的任性、骄横采取百依百顺的态度；生活上让男孩吃独食，包办代替；对男孩的缺点错误“护短”等。

冬天的一个晚上，妈妈带着5岁的小强去朋友家串门。回到家，小强突然发现一直攥在手里的糖果不见了。那块糖果是妈妈的朋友给的，他的家里没有这样的糖果。发现糖果没有了之后，小强着急地哭了起来。爷爷奶奶、爸爸妈妈都来安慰他，并且给他承诺，第二天一早就去给他买同样的糖果和他喜欢的玩具。但是，小强没有丝毫的妥协：“我要！我要！我现在就要！”

小强在地上打着滚，哭得伤心欲绝，爷爷奶奶、爸爸妈妈看得实在心疼，于是，全家人带上照明工具，“倾巢”出动，沿着回来的路进行了“拉网式”的搜索。眼看着时间一分一秒地过去，都快午夜12点了，还是没有见到糖果的踪影。妈妈看到哭得伤心欲绝的小强，终于硬着头皮敲开了朋友家的门……

生活中，像小强这样的男孩随处可见，他们做事情时往往对自己不加约束，想怎样就怎样，爱做什么就做什么，不分是非，固执己见，明知自己不对还要继续做下去。任性的男孩常常用一些手段来威胁父母，如不吃饭、大哭大闹、摔打东西、自杀、离家出走等。他们不理解父母为他们所做的一切，更加不懂得感恩。

其实，男孩的这些不良习惯和不良行为的形成，都与父母的娇惯、溺爱有直接关系。溺爱并不是爱孩子，而是把孩子往火坑里推。被溺爱的男孩很难遵守规矩和懂得自我约束，他们以自我为中心，凡事只会想到自己，自私自利，他们会以为规矩都是为别人定的，与他们无关。苏联著名教育学家马卡连柯警告说：“父母对自己的子女爱得不够，子女就会感到痛苦，但是过分溺爱虽然是一种伟大的感情，却会使子女遭到毁灭。”如果父母无视这种警告，一意孤行地认为只要尽力把男孩的生活道路铺得平平顺顺的，就能保证男孩幸福健康地成长，那么，这种教育方式势必会影响男孩在各个方面的发展，让男孩失去竞争力，甚至使男孩养成各种不良的习惯。

其实，爱男孩，可以智爱。放弃用过分控制或纵容的方法对待孩子，用慈爱而坚决的方法教育男孩、培养男孩，会对男孩的成长更有帮助。当男孩做错了事，父母要讲明是非，纠正错误，再以适当的方式表示关爱，使其感到父母依然是爱他的。这样能激起男孩对父母由衷的爱戴与尊敬，也能使他感觉与体会到父母养育自己的艰辛。

刘阳是一个优秀的男孩，他的爸爸是一家大公司的董事长，家庭条件十分优越，但是刘阳的父母对他要求十分严格，从不娇惯他。

从小的培养和教育，让刘阳十分理解父母的苦心。上小学时，妈妈只接送过他上下学两周，等他认识了路之后，妈妈就再也没有接送过他。从小学到高中，他一直过着十分简朴的生活，每天乘公交车往返于校园和住所之间，潜心于学业，从来不会因为自己家庭的条件优越就觉得自己高人一等。

刘阳大学毕业以后，大家都认为他会到父亲的公司去担任要职，或者出国去深造，但让人吃惊的是，他竟然被安排进入公司当一名普通职员。刘阳的父亲对儿子说：“孩子，我不怀疑你是个有理想的人，但我担心你的刻苦精神不够，你不要觉得自己有依靠，你必须自己主动去找苦吃，磨炼自己的意志，接受生活给你的种种挑战，并战胜它。”

刘阳听从了父亲的话，在公司勤勤恳恳地干了4年，不仅学到了先进的管理经验，还学会了为人处世之道，培养了吃苦耐劳的精神。之后，他接了父亲的班，对公司进行大刀阔斧的改革，将父亲的企业又推上了一个新的高度。

从刘阳的成长过程中，我们没有看到父母对他的溺爱，相反，父母用“穷养”的方式，将孩子教育成了一个真正的男子汉。

父母对孩子的爱是伟大而无私的，但是凡事要有度，适度而行。正确的爱，对男孩的健康成长起着很大的促进作用。溺爱让男孩不会爱，让男孩失去爱的能力，只有让男孩吃一些苦，让男孩遇到一些小的挫折，男孩才能够真正地懂事。

为人父母不仅要爱男孩，更重要的是让男孩学会爱。男孩未来要走的路很漫长，做父母的不可能一直伴随左右，所以不要让男孩在溺爱中成长。

1.对孩子爱的表达要适可而止

父母爱孩子要适可而止，不要什么时候，任何事情都围着孩子转，时间一长，孩子就会产生一种以自我为中心的思想，凡事都必须以他为先。父母要试着把关注的重心从孩子身上挪开，分散到其他人和事情上。

2.敢于对孩子的无理要求说“不”

面对孩子的无理要求，父母要硬起心肠说“不”。如果因为害怕孩子无休止的哭闹而一次次地妥协，孩子就会慢慢知道父母的软肋，今后再想要教育孩子就会很困难。只有在一开始就采取果断的态度，才能够避免放任孩子一直耍无赖。

3.学着放手

孩子渐渐长大，父母就要学着放手，让孩子独立自理，学会面对，学会坚强，学会担当。从学会自己穿衣、吃饭、洗漱，到帮助家里打扫卫生、烧菜洗碗、洗衣服，只要是他们力所能及的，就让他们去做。不要事事都包办，不然的话，孩子永远也不会成长成熟，而且会很懒惰。

4.勇于把孩子推出大人的庇护

父母不要像母鸡护着小鸡一样护着孩子，这样的孩子只会一味躲在家里，根本没办法独立生存。要勇于把孩子推出大人的庇护，让他们走出家门，多参加学校的集体活动。只有这样，孩子才能在未来激烈竞争的社会中，风雨无阻地前行。

“穷养”男孩，父亲的责任重大

《三字经》里有句话“养不教，父之过”，强调了父亲在家庭教育中应该担负起重要责任。对于男孩的成长教育来说，父亲的责任更是十分重大。虽然父亲对男孩和女孩的成长都有影响，但对男孩的特殊意义在于，父亲身上的男性特质，比如果断、刚毅、坚强、有力量、保护性等，对男孩性格的形成至关重要。

一位母亲就曾经这样描述丈夫与儿子之间的关系：

“有时，我真的搞不懂丈夫与儿子之间的感情，他们总是闹来闹去的，例如，你追我赶、互相挠痒痒等，这种打闹与我和儿子之间的那种打闹是完全不同的。我觉得他们之间有一种特殊的语言，例如，当丈夫与儿子打闹完之后，他们会同时躺在床上，摸摸对方的肚子，然后安静地休息一会儿。但一旦他们其中一个人有了小动作，另外一个人就会马上进入警戒状态，就好像他们心有灵犀一般。”

的确，父亲和男孩之间确实有一种天生的默契，或者说是有一种属于他们的语言，他们在一起可以不分长幼地打闹，可以不断触碰对方的身体……行为学家表示，父亲与男孩在打闹中所进行的这种身体之间的接触，是父子之间所进行的一种深层次的沟通。正是由于这种深层次沟通的存在，男孩知道，他将来要成长为一个像父亲那样的男人。因此，在父亲身上，他们能看到自己的未来，他们会自觉地以父亲为榜样。

男孩的童年时期，甚至一辈子，父亲都可能是他心目中的“英雄”，孩子们会为拥有强大的父亲而感到骄傲。父亲是男孩举止的榜样，内心安全的保障，力量的所在。

“男人来自火星，女人来自金星”。这是美国著名的畅销书作家约翰·格雷的经典命题，父母自身的性别特质本身就是教育男孩的一种“优势”，父亲身上的阳刚之气、果敢、坚毅的性格等都是母亲难以展现出来的，如果父亲不懂得利用男性的优势来影响男孩，就会适得其反。

有关专家研究发现，男孩长期生活在没有父亲参与的家庭环境中，很容易造成男孩性格上的缺陷：父爱是母爱无法替代的，男孩仅仅在母亲的抚养下，性格会逐渐女性化而变得缺乏阳刚之气。学校同样也不能替代父亲这个角色，老师给孩子的是一种理智的爱，而父亲那种阳刚而厚重的爱，男孩是无法得到的。

有一位做推销工作的父亲，平时特别忙，周末也不休息，并且很晚才回家，他的儿子很少有机会和他在一起，结果在孩子12岁时老师觉得他说话、打扮、行动都特别像个女孩子，父亲还以为是孩子的性格出了问题，其实是父爱不足造成心理上的偏差。

虽然这种现象也许并不多见，但是也反映了父爱对于男孩成长的重要性。有些做父亲的不明白：我整天忙于工作，挣钱供孩子吃喝玩乐，还要怎么爱他呢？其实，父爱并不只是体现在给孩子物质上的满足，更重要的是体现在精神上和行动上。为了给男孩塑造一个健全的人格，为人父者谨记要尽到自己的责任。

在某网站的男性论坛中，一位男士谈到他与父亲的一次经历：

“我父亲现在70多岁了。

“上个星期我去看他，问他与我祖父的关系。当父亲说起自己从没有在祖父的腿上坐过，也不记得祖父曾经抚摸过自己时，父亲老泪纵横，我也哭了。在我的钱夹里有一张父亲抱着我在山顶上的照片，我那时7岁，看起来非常高兴和自豪，好像父亲是一个神，将我举向天空。他看起来非常强壮，并且为他的儿子感到骄傲。可是这个抱着我的男人却从没有被他自己的父亲抱过。在我的眼中，他是一个真正的英雄，他的一生都在与痛苦做斗争，并且养育了我。

“当我9岁时，父亲开始对我很严厉，总是挑我的刺。我认为那一段时期我们的亲密关系瓦解了。现在想起来，我还会百感交集，感到受伤害、愤怒和悲伤。我的儿子现在8岁，轮到我来继承这个英雄的传统了。尽管仍然觉得受伤害、愤怒和悲伤，但我还是想找回父亲遗失的东西，更好地养育我的儿子。学会面对过去的感情，对我现在更有帮助。我和父亲疏远的原因就在于我们总是回避这些感受。”

在家庭教育中，虽然父亲和母亲处于同等重要的地位，但是如果父亲不参与教育，或者教育方法简单粗暴，必然会使男孩感受不到良好的父爱关怀。当男孩吸纳不到父亲身上良好的品质时，便会把父亲在家庭中的地位看得不那么重要。一个缺点很多的父亲，可能会让男孩越来越不屑，甚至瞧不起。这样一来，男孩就会把父亲的话当作耳边风，造成父子关系的恶化。

心理学家认为，父亲对男孩的影响力主要体现在三个方面：

其一，父亲的个性特点是男孩性格形成的源泉。

常与父亲接触的男孩，显示出勇敢、坚毅、强悍、意志坚强等特征，有更强的生活激情。

其二，父亲的教养观念和教育方式对男孩的未来发展起着关键性的作用。

在教育男孩方面，相对于母亲，父亲往往比较开明而严厉，因而有更强的权威性。

其三，父子关系对男孩的健康成长起着举足轻重的作用。

由于父亲性格、能力、职业等方面的独特性，男孩在与父亲或母亲相处时，获取的认知方面的收获是完全不同的。男孩可以从父亲那里得到更丰富、更广博的知识，能更广泛地认识自然、社会，并通过操作、探索性的活动，逐步培养起动手操作能力、探索精神和创新意识。另外，父亲相对母亲而言，更具有理性，因此，在男孩的成长过程中起着与母亲明显不同且十分重要的作用。

事实上，父爱对男孩的影响远不止这些。近20年来，心理学家与儿童研究专家逐渐发现，在家庭教育中，父亲扮演着重要的、不可缺少的角色，父亲是对男孩影响最早、影响时间最长的人，其某些影响是母亲无法替代的。

总之，对于一个从男孩成长为男人的生命历程来说，“父亲”具有举足轻重的、持久的、不可取代的作用。如果你想做一个好父亲，培养出一个优秀的男孩，一定不要忽视对男孩的教育，这不仅是家庭的责任，也是父亲的社会责任。

“穷养”，绝对不是非打即骂式的管教

“穷养儿富养女”的教育观念由来已久，在很多父母心中根深蒂固，同时还有一种教育观念是“棍棒之下出孝子”，这两种观念很容易被一些

父母混为一谈，他们认为“穷养”就是要对男孩苛刻，犯了错误就要打骂、惩罚，这样才能教育出好的男孩。其实这种理解是错误的，是不科学的。

天下没有父母不盼望自己的孩子能成龙成凤的，但无数事例证明，没有一个孩子是在父母的打骂中成才的。打骂仅是一种感情发泄，可能会起作用，但只是暂时的，不会持久，甚至给孩子的成长留下阴影，创痕会伴随孩子一生。

李明是一个调皮捣蛋的男孩子，经常闯祸。他爸爸脾气特别暴躁，每当李明闯祸时，他总是劈头盖脸一顿臭骂，急了抓起身边的东西就打。最初李明还会和爸爸辩解，可不但不能平息爸爸的怒火，还往往会招致又一轮的打骂。渐渐地，李明已经习惯了爸爸的教育方式，无形中李明也学会了用打骂的方式对待身边的人。这天，老师因为他和同学吵架批评了他，他的暴躁脾气当场就上来了，他冲老师嚷嚷开了，让老师很没面子。下课后，老师把他叫到办公室里谈话，他却说他爸爸平时就是这样对他的。

看来，打骂这种简单粗暴的家教方式不仅不能解决任何问题，还会使父子双方的矛盾激化。孩子被打的时候，没有心里舒坦的。皮肉之苦，使他们产生怨恨、逆反、畏惧等心理。打的结果，孩子与父母之间的亲情日益淡薄，隔阂越来越深，个别孩子甚至会产生暴力倾向。

在教育男孩的过程中，许多父母都陷入了“暴力误区”。他们期望用强势的武力和口吻来指引男孩的成长，结果适得其反——培养出来的男孩要么更具叛逆性，要么具有暴力倾向。暴力教育能让男孩变得顺从，但不会让男孩变得聪明和懂事；能让他们变得听话，但不会让他们变得自觉和上进——暴力教育能得到一些暂时的、表面的效果，但这是以男孩整体的堕落和消沉为代价的。

一位经商的父亲平时工作缠身，无时间教育孩子。孩子平时迟到旷课，打电子游戏，进网吧上网，上学时背上书包到教室转一圈，然后想干什么就干什么，放学后背上书包回家，父亲一点儿也没发现孩子有什么异常。日复一日，孩子旷课累计超过了一定节数，学校要进行处分，叫来了父亲。父亲大吃一惊，回到家对孩子使用“家法”，打得孩子低了头，认了错。表面上看这场风波平息了，孩子也不敢旷课了。可孩子的思想问题并没有解决，在到校后的几周内，连续参与五起打架事件。孩子害怕学校处分，更害怕父母的斥责、毒打，偷偷离家出走……

父母打骂男孩是一种陋习和恶习。一位用武力征服孩子的父母，无论家产多么雄厚，地位多么显赫，学识多么高深，打人的理由多么充足，都是智慧不足的表现。其实，不打不骂同样可以教出优秀的男孩，父母应该牢记这个教育理念，把孩子当朋友，这是家庭教育中的重要原则。所以，为了使男孩能够健康地成长，现代父母必须拒绝打骂，改变以打施教的教育方式，对男孩循循善诱，以理服人，给男孩创造一个良好的成长环境和一片快乐的天空。

1.控制情绪，心平气和地教育男孩

有一个小男孩兴奋地跑进厨房，告诉妈妈一个故事。他非常激动，大声地叙述故事里的金字塔、骆驼及蛇。妈妈想要更了解这个故事，要求小男孩把故事里的主角画出来。妈妈走出厨房去拿纸，当她回来的时候，发现小男孩的手里早已拿着一支蜡笔，故事里的主角们正装饰着橱柜，还有一只恐龙在洗碗机的门上张牙舞爪。

当下妈妈有点愤怒。但她犹疑了一下——该不该开骂呢？她知道厨房是一定要清理的了，责骂也无济于事。于是她放下纸，拿起一把小椅子，坐在儿子身旁，耐心地对儿子说：“孩子，画画一定要画在纸上，不要往屋子里的任何地方乱画，否则的话，妈妈还要清理，多辛苦啊。”这个小男孩点了点头，显然，他觉得妈妈说的话是对的，他应该听妈妈的话。

俗话说：有理不在声高。父母在大声吼叫的时候，往往展示的是一种尊严、威力，有一种居高临下的感觉，没有顾及男孩的自尊心，更没有和男孩处于平等的地位，进行心的交流。所以，当男孩犯错误时，为人父母者不妨坐下来，以促膝谈心的方式，心平气和地对男孩晓之以理，动之以情，导之以行。

2.耐心地倾听孩子的诉说

有一个小男孩早上上学总是迟到，老师为此找其母亲谈话。母亲知道后，没有打骂孩子。她问儿子：“告诉我，为什么你那么早出去，却总是迟到？”孩子先是愣了愣，见母亲没有责怪的意思，就说：“我在河边看日出，太美了！看着看着，就忘了时间。”母亲听后笑了。第二天一早，母亲跟儿子一起去了河边看日出，面对眼前的景象，她感慨万分：“真是太美了，儿子，你真棒！”这一天，儿子没有迟到。放学回家，儿子发现书桌上放着一块精致的手表，下面压着一张纸条：“因为日出太美了，所以我们更要珍惜时间和学习的机会，你说是吗？爱你的妈妈。”

父母能否走进孩子的内心世界，能否用心聆听孩子的心声，是教育成功与否的关键。当孩子犯了错误时，父母不妨先冷静下来，尝试着多一份耐心，问问孩子这么做的原因是什么。当父母把心思放在了解孩子的想法，并想办法帮孩子解决问题上时，也许就会发现孩子的行为其实是情有可原的，并且也已经释放了很多负面的情绪。

3.用赞扬替代训斥

有两个小男孩，他们做作业时总是不专心，但是，他们的妈妈采取了两种截然不同的教育方式，效果自然大相径庭。

第一位妈妈发现孩子做作业时一点也不用心，作业做得错误百出，一气之下，把孩子的作业本撕掉，让孩子重新做，并且大声训斥孩子说："跟你说多少次了，你怎么不长记性，让你专心做作业，可你看看你错了几道题，你给我重写！"

孩子拿着作业本，看着被妈妈撕掉的作业很是生气，嘴里嘀咕道："我就是不给你好好写，看你能撕多少。"

生气归生气，可是作业还得交给老师，孩子只好重写。但是，孩子心里憋着一口气，心思更无法集中在作业上，作业写得还不如上次好。妈妈见了又要撕，可一看表，都10点多了，没办法，只好这样了事。

而另一位妈妈看见孩子做作业时三心二意，虽然也很生气，但她控制住了自己的不满情绪。她知道，越是训斥孩子，孩子会越逆反，反而会更不认真。于是，她对孩子说："这次作业写得很不错，虽然做错了几道题，但都是由于马虎造成的。我相信，只要你再认真一点，一定会避免这些错误的。"孩子听了妈妈的话，就对妈妈说："妈妈，我再重新做一遍，这次我肯定用心地去写，保证不出现错误。"

孩子写完作业让妈妈检查，妈妈认真看过后，说："我家孩子的作业做得真整齐，明天老师也会感到满意的。"

后来，这个孩子做作业一直都很认真，因为有妈妈的表扬，他的学习劲头更足了。

同样是要求孩子认真完成作业，前一位妈妈用训斥、强制的方式，让孩子感到的只是压力和反感；而后一位妈妈却给孩子信任和鼓励，让孩子有了动力，其结果当然是不同的。所以，在教育孩子时，父母要用发展的眼光来看待孩子，先肯定孩子的点滴进步，然后循序渐进，深入症结所在。孩子在受到了肯定之后，自尊心得到了满足，也就比较容易接受意见了。

为男孩树立榜样，好父母胜过好老师

榜样的力量是无穷的，对于男孩来讲，这一点尤其重要。父母是男孩的第一任老师，更是一生的老师。父母的一言一行无不在影响着男孩，为了培养出优秀的男孩，做父母的一定要树立好榜样。

现代教育家陈鹤琴说：“做父母的不得不事事谨慎，务使己身堪有作则之价值。”父母不管做什么，不管有意无意，都可能被孩子模仿。孩子最善于模仿，父母如果不注意自己的生活小节，言行举止不当，就很容易给孩子造成负面的影响。

王征是一名初二的学生，从小家庭生活非常优越，父母在外忙于生意，家中请了两个保姆，一个负责家中日常生活，一个专门负责照顾王征，一切都不用王征动手。小的时候，王征出于好奇学着保姆的样子要擦桌子擦地，妈妈就说：“没出息，这些事不用你干，你天生就不是干这个的命，这是下人做的事情，你要做人上人。”幼小的王征看到母亲每天对保姆挑三拣四，从来没有满意的时候，也渐渐地以为自己天生就是人上人，好吃懒做是最大的幸福。

在幼儿园时，老师让他摆一下椅子，他会说："我妈妈说干这种事没出息，我要做人上人。"现在已是初中学生的王征仍然只习惯做"人上人"，对同学、亲戚、朋友指手画脚，吆三喝四，经常要求别人为他做事，却从来不肯为别人做一点事情。由于他的自私、懒惰、自以为是和狭隘，他没有朋友，内心孤独，而且怕吃苦，成绩差，没有人喜欢他。许多邻居也认为王征一家粗俗、傲慢、霸道、贪小便宜，不愿意与他们来往。更可悲的是，王征的父母仍不知问题的根本原因在哪里。

可见，要对男孩进行成功的教育，父母应先做出榜样，正如列宁夫人克鲁普斯卡娅所说的："家庭教育对父母来说，首先是自我教育。"家庭是男孩最基本的生活和教育单位，父母的言行、举动都是男孩的模仿源。男孩最初的行为习惯都是从父母那里学来的。因此，父母要特别重视榜样对男孩的巨大影响，时时处处为男孩树立好的榜样。

军军是个正在上初三的孩子，他的父亲是个工人，业余时间沉迷于"麻将事业"，但他对孩子很严格，相信孩子是教出来的，苦口婆心地给儿子讲很多道理，让他好好学习，放学后不许下楼玩，作业做不完不许看电视，要尊敬老人……如果违反，轻则责骂重则痛打。他认为孩子只要"管起来"就行，可他发现自己费了很多心思和口舌，却没达到预期目标：军军学习成绩中下等，对人没礼貌，情绪不稳定，这让他很失望，不知该怎么办。

而另一个父亲却和军军的父亲不同，他是这么改正孩子不爱早起的习惯的：

他的儿子也是初中生，他希望儿子能每天早上起来背单词，可是儿子总是早上醒不了，起床晚。为了让孩子养成早起学习的习惯，他就每天早上早早起来，然后在大厅和孩子房门前大声读英语单词，一天孩子没反应，两天孩子还不能早起，第五天他仍这样做，没想到刚刚读了几个单词，儿子就打开房门拿着课本走了出来。以后每天早上，他们父子俩都会早早地起床看书、学习，儿子也由此养成了早起的好习惯。

父母的言行是孩子最直接的模仿对象。常言道：父母是孩子的镜子，孩子是父母的影子，有其父必有其子。孔子说：“其身正，不令而行；其身不正，虽令不从。”这些都充分说明了父母教育孩子时以身作则的重要性和必要性。

古人云：近朱者赤，近墨者黑。父母的言行举止都将在孩子洁白无瑕的心灵上刻下难以泯灭的痕迹，对孩子的思想、性格、品德的形成会产生深远的影响。著名教育家马卡连柯曾对做父母的人说：“你们自身的行为在教育上具有决定意义。不要以为只有你们同儿童谈话，或教导儿童、吩咐儿童的时候，才教育着儿童。在你们生活的每一瞬间，甚至当你们不在家的时候都教育着儿童。你们怎样穿衣服，怎样跟别人谈话，怎样谈论其他的人，你们怎样表示欢欣和不快，怎样对待朋友和仇敌，怎样笑，怎样读报——所有这些对儿童都有很大的意义。你们态度神色上的一切转变，无形中都会影响儿童，只是你们没有注意到罢了。如果你们在家庭里粗野暴躁，夸张傲慢或酩酊醉酒，再坏一些，甚至侮辱母亲，那么你们已经大大地伤害了你们的儿童，你们已经把儿童教育得很坏了，而你们的不良行为将会产生最不幸的后果。”父母对自己的要求，父母对自己家庭的尊敬，父母对自己一举一动的检点，这是首要的和基本的教育方法。因此，做父母的若想培养出优秀的男孩，自己就应该先做个优秀的人。

第二章
有效沟通，零吼叫养出好男孩

控制好情绪，没脾气才会有沟通

成功学常说：“掌控情绪，才能掌控未来。”在教育男孩的问题上，其实也是一样的道理。父母一定要控制好自己的情绪，只有把精力用在控制自己的情绪和行为上，父母才有能力教育好自己的孩子。如果将不良情绪传给了孩子，教育结果可以说是等于零。

小健在学校里与同学打架了，班主任打电话给小健的爸爸。小健的爸爸虽然对一向老实的儿子突然打架有些奇怪，但还是一肚子怒火，嘴上不停地跟老师说好话，心里却在责骂儿子：这个臭小子，一点儿好事也不干，回来后非收拾他不行！

没过多久，儿子就兴冲冲地回来了，见儿子一副若无其事的样子，坐在家里等他的爸爸更是火冒三丈，嚷道：

“你在学校干什么好事了？整天不学好，就知道打架？”

小健知道爸爸为什么生气了，本想解释一下这次打架是因为对方先挑起的，可是，他似乎被爸爸怒视的双眼吓住了，只见他嘟嘟囔囔地说：“我……我……”

“我什么我？打就打了，男子汉敢作敢当，有什么好说的？”

小健一听爸爸这样说，流下了眼泪。

这一流泪，爸爸似乎更生气了，继续咆哮着：“哭什么哭？打架你还有理了？现在哭算什么？”

从那以后，小健开始越来越叛逆，时不时与别人打架斗殴。爸爸更是隔三岔五地打骂他一次，但是一点用也没有。

从上面这个案例可以看出，父母对男孩发火，不仅无法纠正男孩错误的行为，反而会使男孩在生理、心理上产生消极的应激状态。所以，要想帮助男孩改正错误，避免逆反心理的产生，父母首先要学会控制、调节自己的情绪。

要知道，男孩子天生就是淘气的，就是精力旺盛。如果男孩一淘气父母就打他，那势必对男孩的身心造成影响。有些父母也知道这些道理，但是自己脾气不好，一旦情绪上来，想控制都控制不住。试想，如果父母对男孩经常是感情用事，一开始，男孩可能会慑服于父母的地位和权威。时间一长，男孩会由言听计从变为不理不睬，以致到最后男孩也会对父母产生逆反心理，与父母犟嘴，对父母不尊重。此时，父母再怎么管教，男孩都不会听话。

所以，父母不要再以自己的心情好坏去决定怎么对待男孩，要考虑男孩的特性，考虑男孩的内心感受，做一个理智的父母。

余洋一直是一个礼貌友善的男孩，但却在学校里动手打人了，这到底是怎么一回事呢？事情是这样的，余洋被老师选去参加全市的物理竞赛，这次选拔没有经过特定公开甄选，余洋是直接被老师点名叫去参赛的。

所以，同学之间自然有点闲言碎语，大家都在私下议论道：“余洋绝对是内定的，就因为他爸是教育局局长的关系啦。”其中最不服气的同学是赵昆，他觉得自己的物理成绩比余洋优秀，可是老师却没有挑选自己而挑了余洋。

放学后，赵昆拦住了余洋，质问道：“你凭什么获得比赛的资格，是不是你老爸拜托老师做的？哼，就会走后门，有本事就靠自己的能力呀！”

余洋面对这样无端的误会和指责，非常生气，他说道：“你不要胡说八道，我靠的是自己的努力！”

赵昆还是不依不饶地继续说道：“别故意装了，谁不知道老师也在讨好你呀！”

余洋听到这里，实在忍无可忍了，他攥紧拳头上去就朝赵昆的鼻子挥上一拳。就这样两人扭打在了一起……

当余洋满脸瘀青地回到家中时，爸爸担心地问道：“你的脸是怎么了？和人打架了？”

余洋点点头。

爸爸温和地说道：“我知道你很生气。”爸爸稍停了一下，便立刻正色道，“但无论怎样动手打人是不对的。”

爸爸说完，便亲手帮孩子往伤口上擦药水，温和地询问孩子打架的原因。经过和爸爸的一番交谈后，余洋意识到自己错了，愤怒的心情也渐渐得到了平复……

培根说：“幸福的家庭，父母靠情感当家。”教育男孩是一门学问，要学会抓住教育时机去获得教育的最佳效果。教育男孩不应该感情用事，而应抓住教育时机，晓之以理，动之以情，帮助男孩去成长。这种教育方式是为了让父母更无私、更成熟、更具备为人父母的能力，具备一种男孩真正需要的，来自于父母的影响力。所以，父母要学会让自己冷静，控制好自己。如果能把精力放在控制自己的行为上，而不是控制男孩的行为，得到的教育结果会出乎意料地好。

不冲着孩子大发雷霆，其实也一样能将事情处理好。如果父母能控制好自己的情绪，那么冷静的头脑将能带来最好的解决问题的方法，而孩子也不会受到父母坏脾气的影响，他的心情也不会变得糟糕，父母的教育才能发挥好的效果。

1.学会“躲避”坏情绪

在家庭教育的过程中，不少父母缺乏控制自己情绪的能力，常常以冷言冷语、摔打东西、训斥孩子等不正确的方式来表达自己的担心、烦躁、愤怒及挫败感，这直接造成了亲子沟通的障碍及孩子的叛逆心理。所以，当父母自身的情绪状态不好或孩子出现问题引起情绪冲动时，可以暂时把教育孩子的问题搁置到一边，先花一点时间调整下自己的情绪，等到情绪稳定时再和孩子沟通，这样就能确保不使情绪干扰父母对孩子正确的教育方式了。例如，父母可以先去做别的事情，转换一下思维；或者什么都不干，找个地方自己冷静一下；还可以听听音乐……千万不要因为孩子还小就以为他们“读”不出父母的情绪，其实孩子十分敏感。

2.不要对孩子大吼大叫

对待淘气的男孩，很多父母基本上是束手无策，他们控制不住自己的情绪，怒火中烧，用大吼大叫来表达愤怒。其实，这种大吼大叫的教育方式并不能产生立竿见影的教育效果，声调和结果往往成反比。教育不是情绪发泄，嗓门不能解决任何问题，相反，这样做会使男孩感觉父母没有修养和自己不被尊重。另外，大吼大叫的教育方式，无法让男孩学到什么有益的东西。相反，一旦他习惯了父母的这种教育方式，他会将父母的话当作耳边风，父母的批评或表扬他都听不进去了。如果大人孩子都发脾气，批评很有可能会升级为哭闹和打骂，那么只会毁掉父母努力管教孩子的成果。

李先生是一个成功的生意人，他中年得子，视如掌上明珠。他知道做人比做生意更重要，所以特别注意对儿子品格的培养。

儿子5岁了，喜欢自顾自地玩耍，大人和他说话，他充耳不闻。李先生认为礼貌要从小培养，所以不能放任孩子对别人的话充耳不闻。每当这时候，李先生便很心急，他摆出平时在公司那种“九五之尊”的威严，怒不可遏地告诉孩子，大人和你说话时必须要回答。孩子对他的话毫不在意，反而哭闹一番，事后还是“故伎重演”。

李先生不死心，一次次地把儿子从玩耍中拉出来，对儿子大呼小叫地进行教育批评。可每一次，都以失败告终。

大吼大叫，不是教育男孩的好方式。在教育男孩的时候，父母千万别图一时之快，对男孩大吼大叫。要知道，大吼大叫是无法解决问题的。当然，做父母的难免会偶尔情绪失控，不过一定要注意，等气消了，要找男孩好好地聊聊，语气尽量温和些，这样既有利于彻底解决问题，又有利于消除男孩心里的恐惧感。所以说，别把“大吼大叫”当成一种教育理念，这是毫无作用的。唯有不吼不叫教男孩，才是一种教育智慧，一种教育艺术，一种人性化的教育理念。

3.不要把坏情绪带回家

在生活中，每个人都会有不如意、不顺心的时候。工作的压力，复杂的人际关系，使已为人父、为人母的成年人有许多的烦恼无处发泄，这时最亲密的人，尤其是弱小而又缺乏反抗力的孩子很容易成为不理智父母的“出气筒”。作为“出气筒”的孩子往往很无辜，他们也许没犯什么大错，只是因为一些鸡毛蒜皮的小错就受到父母的打骂。特别是那些淘气的小男孩，总是被无辜牵连。

李女士是某公司的销售经理。一天下午，李女士和客户发生了争执，面对盛气凌人的客户，她实在忍不住与对方在大庭广众之下争吵起来。回家后，她尽量克制自己，希望不要将这种负面情绪带给儿子和老公，在公司发生的事情她只字未提，但随后发生的事情还是将她的火气“点”了起来。吃晚饭时，老公埋怨菜咸，吃完饭碗也不洗就和儿子玩跳棋。在她收拾完家务后，家里的玩具丢得到处都是，到了睡觉时间儿子怎么也不愿意去睡，她叫了很多次，儿子像没有听到一样，就是不去睡觉。李女士再也忍不住了，想到自己在外面受那么多气都是为了这个家，可儿子一点都不体贴自己，竟然这么不听话，拿着衣架，对着儿子屁股就使劲打了起来。儿子没有见过妈妈发这么大的火，吓得大哭。平静下来后，想到儿子哭得那么伤心，李女士非常难过，因为自己心里不舒服，却让这种负面情绪影响到家人。

可见，父母应学会调整自己的心态和情绪，不要把家庭以外的不良情绪带入家庭中来，因为消极的情绪不仅会传染，也会在有意无意中把痛苦转嫁他人，最典型的就是迁怒于孩子。父母作为成年人，有能力也有责任将遇到的麻烦妥善地处理解决，而不是在家里胡乱发泄，把气撒在孩子头上。

用心倾听，男孩才肯对你敞开心扉

每个人都需要倾听，孩子也不例外。教育家周弘曾说过：“要想和孩子沟通，就必须学会倾听。倾听是和孩子有效沟通的前提。不会或者不知道倾听，也就不知道孩子究竟在想什么，连孩子想什么都不知道，何谈沟通？”可见，倾听是做好亲子沟通的第一步。

一个美国小男孩想和父母说说他自己的想法，可是父母太忙，总是没有时间倾听他的诉说，所以，他给父母写了这样一封信：

我的手很小，无论做什么事，请不要要求我十全十美。我的腿很短，请慢些走，以便我能跟得上您。

我的眼睛不像您那样见过世面，请让我自己慢慢观察一切事物，并希望您不要过多地对我加以限制。

家务事是繁重的，而我的童年是短暂的，请花些时间给我讲一点世界上的奇闻，不要只把我当成取乐的玩具。

我的感情是脆弱的，请对我的反应敏感些，不要整天责骂不休，对待我应像对待您自己一样。

我需要您不断鼓励，不要经常严厉地批评、威吓我。您可以批评我做错的事情，但不要责骂我本人。

请给我一些自由，让我自己决定一些事情，允许我不成功，以便我从不成功中吸取教训，总有一天，我会自己决定自己的人生道路。

看来，孩子也是渴望倾诉的，他们需要有人倾听他们的心声。对男孩来说，随时有人倾听自己、关注自己，这是一种心理上最大的支持；把自己心中的烦恼表达出来并且确信不会得到嘲笑，这更是对问题的一种再认识和净化。男孩心中的烦恼就像一场暴雨后的水库，父母的倾听就像是打开了一道闸门，让男孩心中的洪水缓缓流进父母那宽阔的胸膛。

刘梅曾经是一位苦恼的妈妈。她有一个小学四年级的儿子，有一段时间儿子和刘梅讲话时，态度很不好，比如说，有一天儿子放学回家，刘梅问他："你到哪儿去了？怎么晚了一个多钟头？"儿子说："我和同学一起到张小强家玩。"刘梅很生气地说："你知不知道，我很担心！以后放学后就回家做功课，不要到处去野！"儿子听了脸色很难看，然后不理刘梅就回房间去了。

开始刘梅认为自己说的话和语气不好，但是刘梅发现儿子愈大愈不听话，刘梅担心儿子现在有许多话不跟自己说，将来不知道会发生什么问题。于是刘梅去咨询家庭教育专家，专家听了刘梅的情况给她开了一个"药方"：多倾听孩子的诉说，并教给了刘梅许多倾听孩子心声的技巧。

从此刘梅不再对儿子的言行做价值判断，即使当孩子不同意自己的看法时，也要承认儿子可以有坚持自己想法的权利，并积极做儿子的倾听者。

比如：一天儿子放学回来说："妈！我好难过，今天考试考坏了。"刘梅听了，不再是责怪，而是停下手边的工作，坐下来对儿子说："愿意说给我听吗？"儿子看了看妈妈，把自己考试考坏的情况给刘梅讲了。刘梅听后，和儿子一起分析了失败的原因，并和儿子一起制订了相应的补救方法。

听完儿子的诉说，和儿子分析完情况，已经是深夜了。儿子感激地对刘梅说："妈妈你真好！"那一刻，刘梅的嘴角也浮现出了幸福的笑容。

想要打开男孩的心门，探究男孩的内心世界，父母必须学会倾听男孩的心声。许多父母虽与男孩朝夕相处，却对他们并不了解。不了解男孩的想法，就很难有效地应对男孩的行为。父母要想在纠正男孩的逆反行为上取得有效的成果，首先要亲近男孩，取得他的信任，走进他的内心，耐心地倾听男孩的诉说，让男孩体会到关爱和温馨，从而对父母更加亲近与尊敬。这有利于男孩把自己的想法告诉父母，有利于父母对他们的逆反行为进行明确的教育和指导。

倾听是一把开启男孩心灵之门的“金钥匙”。美国教育家老卡尔·威特说过：“我在教育卡尔的过程中，渐渐掌握了一些与孩子进行沟通的经验，其中之一我称为‘倾听的艺术’。”人的思想往往需要通过语言表达出来，如果父母不愿意倾听男孩的心声，怎么可能全面地了解孩子呢？不了解孩子与孩子沟通时就会更显得费劲。所以，只有用心倾听男孩的心声，才能捕捉到有效信息，找准教育的切入点。

1.用心倾听男孩的心声

在《清华男孩章启轩》一书中，章启轩的母亲有这样一段描述：

有一件事我印象特别深。那几天儿子很兴奋，因为学校里正筹备艺术节。儿子是个外向的孩子，每次吃晚饭时都要和我们说好多班里的新鲜事，他说艺术节有一个花展，他们班负责拿花，是那种盆花，他向老师报名要拿一盆菊花。虽然他说了两次，并一再提醒，可我还是忘了去市场买。那天我母亲病了，我一下班便急着去看我母亲。我儿子哭了，很伤心。我一再安慰他，并给老师写了信，解释原因，可他还是很伤心。那两天，他在吃晚饭时话都很少。第三天晚上他很认真地对我说：“妈妈，下次再有这样的事，你一定要写下来，那样您就不会忘了，就像我记作业那样。”他只有9岁，我忽然觉得自己是个失职的母亲。

从那件“菊花事件”之后，我忽然意识到了：我和儿子需要进一步的交流，因为孩子能够自己解决的问题毕竟有限，更多的时候他需要父母的支持和帮助。使孩子过度自立会让孩子误以为我们对他漠不关心，这不仅会影响到孩子的学习，而且更重要的是会僵化我们两代人之间的交流。

学校里少了一盆花照样美丽，但孩子少献了这一盆花就少了一次得到爱的机会。也许我当时只懂得了“倾听”，还未掌握倾听的艺术，不能选择出需要关注和解决的问题。然而亲子之间的交流应从倾听开始，倾听才是爱的表现。

父母要用爱的耳朵去倾听男孩的心声，才能完整地理解男孩的真实想法。在日常生活中，父母应增加对男孩的关注度，细致地观察男孩，明白男孩的暗示。

2.对男孩的谈话表现出兴趣

小胖兴奋地从房间跑出来：“妈妈，妈妈，你看，这是我做的手工作品！”

妈妈从洗碗槽前低下头看看儿子手上的作品，回过头，继续忙手上的活儿，说：“嗯！做得真好，真漂亮，小胖真是太能干啦！”

小胖继续兴奋而骄傲地说：“妈妈，妈妈，你看，我这个会活动的屋子！”

妈妈继续忙着手中的活儿：“嗯！真好看！”

小胖觉察了妈妈的不在意，噘着嘴说：“妈妈，你都没有注意听我说话，你都在敷衍我！”

假如父母对男孩以及男孩的谈话内容表现出非常浓厚的兴趣，父母和男孩之间不但打开了通路，而且会使他们感到自己是被重视的。如果男孩察觉到父母对他的谈话内容没有兴趣，他便很难有兴趣把自己的真实想法告诉父母。所以，在倾听男孩说话时，应集中精力、端正态度、全神贯注，尽量注视男孩的眼睛，不要做看手表、抠耳朵、打哈欠等影响男孩情绪的动作，让男孩觉得父母心不在焉。

3.耐心听孩子把话说完

不要因孩子话语过长而感到厌烦，父母要善于控制自己的情绪，耐心听孩子把话讲完。特别是孩子发表见解或有脾气的时候，更要耐心倾听，给孩子提供表达情感的机会，从而有助于问题的解决。

曾听说过这样一个故事：

一位母亲问她5岁的儿子："如果妈妈和你出去玩，我们渴了，又没带水，而你的小书包里恰巧有两个苹果，你会怎么做呢？"儿子歪着脑袋想了一会儿，说："我会把两个苹果都咬一口。"

可想而知，那位母亲有多么的失望。她本想像别的父母一样，对孩子训斥一番，然后再教孩子怎样做，可就在话即将说出口的那一刻，她忽然改变了主意。

母亲摸摸儿子的小脸，温柔地问："能告诉妈妈，你为什么要这样做吗？"

儿子眨眨眼睛，一脸童真地说："因为……因为我想把最甜的一个给妈妈！"

霎时，母亲的眼里闪动着泪花。

我们都为那位母亲庆幸，因为她对儿子的宽容和信任，使她感受到了儿子的爱。我们也为男孩庆幸，他纯真而善良的流露，是因为母亲给了他把话说完的机会。

在倾听男孩诉说的过程中，父母要有一点耐心，哪怕是刚开始听到很不令人满意的回答，或男孩是错的，也要让男孩说完，这样才能对事情原委做出正确的判断和评价。话只听半截，很可能会曲解了男孩的真实想法和做法。所以说，只有学会倾听和认同男孩的感受，让男孩有诉说的机会，父母才能更多地了解男孩，并对男孩不正确的思想与做法及时进行纠正与引导。

有话好好说，男孩才肯听

苏联教育家巴班斯基曾经说过：“父母经常用命令的口气对孩子说话，叫孩子做事，会使孩子产生逆反心理，很难收到预期的教育效果。而一直在命令中做事的孩子，会缺乏主动性，容易形成懦弱的性格，不利于孩子的成长。”在很多父母的意识中，孩子什么都不懂，做父母的管教孩子是理所当然的。他们认为，对孩子发号施令是做父母的权利，孩子还小，需要父母给他们指示和命令。有的父母还会为了维护自己作为父母的威信，刻意去塑造一个高高在上的父母形象，对孩子的口气也是命令式的。

其实，父母都关心自己孩子的成长，但是由于许多父母不愿放下架子“蹲下来”“坐下来”和孩子说话，当孩子在成长中遇到难处时，父母明明有这方面的经验，能够指导和帮助孩子，却因为居高临下的姿态、命令式的语气而让孩子产生距离感，错过了正确引导孩子的大好机会，让孩子走了弯路。

英国著名社会学家、哲学家赫伯特·斯宾塞说：“对孩子要少下命令，命令只有在其他方式不适用或失败时才用。所以父母不管要求孩子做什么事情，一定要注意用商量的口吻，而不要用命令的口吻。父母与孩子之间应该是商量，而不是命令，也不应该是命令。”随着男孩年龄的增长，男孩在喜好和兴趣，甚至交友等方面看法都会与父母有分歧。这时父母对男孩的一些喜好与兴趣绝不能简单地禁止。而应在充分尊重的前提下与男孩商量，以达成共识或找出正确解决的途径。美国成功学大师戴尔·卡耐基说过，用“建议”，而不下“命令”，不但能维持对方的自尊，而且能使他乐于改正错误，并与你合作。

著名儿童教育家陈鹤琴在其著作《家庭教育》一书中举过这样一个例子：

一天，陈鹤琴的儿子拿了一块破烂的棉絮裹着身体玩。陈鹤琴看见后，就考虑是立刻把破棉絮夺过来呢，还是让他在玩耍中获得一种经验；或者命令他将棉絮丢掉，而以其他东西替代。思考了一下，陈鹤琴觉得还是用积极暗示的方法去指导为好，就对孩子说：“这块棉絮是很脏的、有气味的，我想你一定不要的，你要一块干净的，去拿一块干净的吧。”孩子听了，果然很高兴地跑去了。

陈鹤琴事后总结说：“无论什么人，受激励而改过，是很容易的；受责骂而改过，是比较不容易的；而小孩子尤其喜欢听好话，更不喜欢听恶言。大多数做父母的看见小孩子玩肮脏的东西，就不期而然地去把它夺过来，而且还要骂他，甚至还要打他。其结果，小孩子改过的少，而怨恨父母的多；即使不怨恨父母，至少也一定不喜欢父母了！”

事实证明，父母要求男孩做某事时，若改命令式为商量式的口吻，效果就会大不一样。命令是不平等的，而商量则体现了父母与男孩之间是平等的关系。在平等的前提下，男孩更容易与父母建立良好的亲子关系，更容易接受父母的要求和教导。

要知道，男孩是一个独立的个体，有自己的想法，也有强烈的自尊。他们希望父母能够平等地对待他们，不愿意听到父母命令的口气，更不喜欢父母强迫他们的行为。父母应了解男孩的这种心理，改变居高临下的教育方式，用平等、友善的态度与男孩交流思想，在语言上要变命令式口吻为商量式口吻。

李叶的父母先后下岗了。他们不想找工作，而是想创业，但考虑到一旦创业，就可能顾不了家，思前想后，觉得这是一件大事，有必要把实情告诉12岁的儿子。

李叶的爸爸是个性情爽朗的人，一天儿子放学回家，他走到李叶身边，乐呵呵地说："孩子，爸爸想和你商量一件事。"儿子很开心地说："好啊，什么事啊？"

爸爸说："爸爸妈妈都失业了，你不知道吧？现在我们想创业，开个副食店，可能以后照顾家里的时间会少些，我想听听你的意见。"

李叶先是一惊，但转而一笑，说："我支持你们，自己创业，丰衣足食嘛。我愿意照顾奶奶，而且我保证不耽误学习，算是对你们的支持，你看好不好？"

这是12岁的孩子说出的话吗？李叶的爸爸简直不敢相信自己的耳朵，他心里暖暖的，拍拍儿子的肩膀说："真是懂事的孩子，爸爸太高兴了。"

后来李叶表现得很好，他关心每个家人，把奶奶照顾得很好，这可解决了家里的大问题。而且李叶的爸爸了解到，儿子的学习没有一点耽误，他和妻子很高兴。有时候晚上回家，李叶还会给父母捶捶背，按按肩。

生活中，父母要和男孩尽量保持平等的地位，遇事要征求男孩的意见。喜欢与男孩协商的父母才是好的父母。在这样的家庭氛围中，男孩渐渐养成了与父母协商的习惯，更愿意主动与父母进行沟通，这样的亲子关系是非常令人羡慕的。

告诉男孩，你真的很棒

俗话说：“数子十过不如奖子一功”“好孩子是夸出来的”。夸奖孩子，赞赏孩子，鼓励孩子，是家庭教育的一门重要艺术。当年幼的孩子有点滴进步时，父母一定不要忘记夸奖他，这样会增强孩子的自信心，让孩子获得成就感。

心理学家曾经做过这样的一次心理测验：

把成绩相近的孩子分成甲、乙两个组，分别让他们考同样的试卷。过了三天，再去那所学校，告诉甲组同学：“上次考试成绩非常好，今天再考一次，你们千万不能输给上次，好好写吧！”又对乙组的同学说：“你们上次成绩很差！这怎么行呢？这次必须有所提高才行！”结果，原本成绩相当的两组学生，得到肯定和夸奖的一组，第二次测试成绩很好；被责骂后再考的那一组，成绩很不理想。

这个测验告诉我们：赏识引领成功，责骂导致失败。作为一种心理需求和渴望，人人都希望听到善言和表扬，可以说，正面鼓励是一个人成长中的动力源。同样，教育男孩也是如此。如果男孩生活在鼓励中，他就学会了自信；如果男孩生活在认可之中，他就学会了自爱。这就是“赏识”——欣赏肯定。而赏识一旦被父母正确运用，它的魅力是无穷的，会成为男孩开启成功之门的“金钥匙”。

我国教育家陶行知先生曾经说过：“教育孩子的全部秘密在于相信孩子和解放孩子。相信孩子，解放孩子，首先要赏识孩子。”所有孩子心灵深处都渴望得到别人的赏识。赏识孩子，就要不断发掘孩子的优点，不断给孩子鼓励，从而逐步培养孩子的自信心，让他们相信自己的能力。

一个10岁的男孩在一家工厂做工。他一直想当一名歌星，但是，他的第一位老师却说：“你五音不全，不能唱歌。你的歌简直就像是风在吹百叶窗。”回到家里后，他很伤心，并向他的母亲——一位贫穷的农妇哭诉这一切。

母亲搂着他，轻轻地说：“孩子，其实你很有音乐才能。听一听吧，你今天唱歌时比昨天乐感好多了，妈妈相信你会成为一个出色的歌唱家的！”听了这些话，孩子的心情好多了。后来，这个孩子成了那个时代著名的歌剧演唱家。他的名字叫恩里科·卡鲁索。

卡鲁索回忆自己的成功之路时这样说：“是母亲那句肯定的话，让我有了今天的成绩。”

由此可见，赏识对于成长中的男孩来说是至关重要的，男孩从父母欣赏的眼神，赞赏的话语，满意的点头，会意的微笑，热烈的掌声中得到肯定。赏识可以发现男孩的优点和长处，激发男孩的内在潜力，增强男孩的自信心。

小龙是个聪明且调皮的男孩，经常会出现许多“小问题”，制造诸多“麻烦”。

这一天，妈妈刚刚回家，听到爸爸正在生气地指责小龙：“没收拾好自己的物品，就跑出去玩！说你多少次了，你怎么老是爱摆个烂摊子啊？”

说到气头上，爸爸又开始批评小龙的其他错误，如粗心、脾气不好、贪吃等。

妈妈瞧瞧小龙，正满不在乎地嘟着嘴，满脸的不服气和不情愿。为了缓和僵局，妈妈若有所思地说道：“小龙身上是存在缺点，我想他自己知道那样做不对。每个人都有缺点，可每个人身上也是有优点的啊！”

爸爸领会了妈妈的意思，定神后说：“是啊，有缺点不要紧，只要改正就好。其实小龙身上有许多优点，比如很爱劳动，喜欢主动帮助朋友。”

妈妈接着说：“还有呢，小龙做事情很认真，学本领很快呢。”

小龙本来以为妈妈也会批评自己，谁知妈妈反而夸奖自己。他被爸爸妈妈夸得都有些不好意思了。

最后妈妈说：“小龙，你有这么多优点我们也很为你骄傲，如果能将自己的缺点改掉，那么小龙会是个了不起的人，大家会对你另眼相看的。”

听了妈妈的一席话，小龙轻轻点点头，若有所思。

从此之后，小龙的很多“毛病”果然都改掉了。

赏识是教育的真谛，能够带给孩子无限的信心和动力，让孩子不断地前进。一位著名的教育家说：“孩子需要激励，就如植物需要浇水一样。离开激励，孩子就不能生存。”学会赏识孩子并不是一件容易的事，父母要仔细地研究与思考鼓励孩子的策略，并养成赏识孩子的习惯。

1.赏识孩子要具体

在赏识孩子时，应该对孩子的优点和进步的具体细节给予肯定，使孩子明白自己“好”在哪里，这样效果会更好。比如“你很会思考”“你对某件事情有你自己的看法真的不错”“你的数学成绩比以前有进步”等，而不总是简单而笼统地夸奖“好”“不错”“真棒”。否则，孩子不能从内心得到肯定，当然就可能对父母所谓的赏识无动于衷了。

2.对孩子的进步要及时赞扬

某小学的校长曾经做过这样一个实验：期末考试之后，他分别在不同时间内对考试成绩差不多的两组孩子做出评价。

对第一组孩子，校长在考试成绩出来的当天就表扬了他们：“成绩真不错，你们都是聪明的孩子，继续努力吧。”

对第二组孩子，校长一直等到下一个学期开始之后，才对他们说：“你们上学期考试成绩不错！”

一个学期以后，第一组孩子学习成绩有了明显的提高。他们一致认为是校长的赞扬让他们对学习充满了信心，学习劲头也更足了。而第二组孩子的学习成绩却没有明显进步。虽然校长赞扬了他们，但因为时间已经相隔太久，所以他们根本没有察觉到这是种表扬，所以他们的学习积极性也没有太大的提升。

这个实验证明，及时赏识和赞扬孩子，比事后再给予赞扬所起到的作用要大得多。所以，孩子有了进步，父母最好及时给予夸奖和鼓励，这样孩子的成就感和荣誉心就会得到最大的满足，进而会把后面的事情做得更好。否则，事过境迁，已经没有了当时的氛围，父母再去夸奖孩子，会使夸奖的作用大大降低。

3. 发自内心地赏识男孩

每一个男孩都是有优点的，只要父母发自内心地赏识男孩，每一个男孩都是值得父母自豪的。

曾经有这样一个感人至深的故事，讲的是一位母亲参加三次家长会后对儿子的教育：

一位母亲第一次参加家长会，幼儿园的老师对这位母亲说：“你的儿子有多动症，在板凳上三分钟都坐不住。”回家的路上，儿子问妈妈老师都说了些什么。妈妈鼻子一酸，差点掉下泪来。她告诉儿子：“老师表扬你了，说宝宝原来在板凳上坐不到一分钟，现在能坐三分钟了。别的父母都羡慕妈妈，因为全班只有宝宝进步了。”那天晚上，儿子破天荒地吃了两碗饭，而且没让妈妈喂。

在第二次家长会上，老师说：“全班50名学生，你儿子排在第49名，我们怀疑他智力上有些障碍，你最好能带他到医院查一查。”回去的路上，妈妈流下了眼泪。回到家，看到儿子惶恐的眼神，她又振作精神地说：“老师对你充满信心，你并不是一个笨孩子，只要再细心点，一定会超过你的同桌。”说这些话的时候，她发现儿子的眼神一下子充满了光亮，发愁的脸也一下子舒展开了。第二天上学，儿子比平时起得都要早。

第三次是初中毕业班家长会，老师没有在差生的名单里提到她的儿子，到家长会结束也没有提到她儿子的名字，她有点不习惯，临别，去问老师，老师告诉她：“按你儿子现在的成绩，考重点高中有点危险。”母亲心里有一种说不出的甜蜜，她告诉儿子：“班主任对你非常满意，他说了，只要你努力，很有希望考上重点高中。”

高中毕业了，当她儿子从学校回来，把一份知名大学录取通知书交到她的手里，儿子突然跑到自己房间里大哭起来，边哭边说：“妈妈，我一直都知道我不是个聪明的孩子，是您……”她再也按捺不住十几年来积压在心中的泪水，任它滴落在手中的信封上。这是一位伟大的母亲，她用赏识教育代替惩罚教育，她成功了。

不管男孩是否优秀，做父母的都应该以平常心对待。只有把男孩当作一个平凡的人，当父母发现男孩的优点和长处时，才可能发自内心地去赏识他。

换位思考，多理解一下男孩

在与男孩沟通时，父母最不容易做到的就是站到男孩的角度看待和处理问题，而这一点恰恰是教育男孩的一个基本原则。美国教育家塞勒·塞维若说过这样一句话："每个人观察、认识问题，都会有自己的视角和立足点。身份、地位不同，所得出的结论就不同。父母与孩子的年龄悬殊，身份各异是影响相互沟通的重要原因。若父母能站在孩子的立场上思考问题，一切将迎刃而解。"

年轻的妈妈很喜欢带着自己的儿子去商场购物，可是儿子大多数时候不愿意跟妈妈去，妈妈觉得很奇怪，商场里目不暇接、各式各样的东西那么多，儿子为什么不喜欢呢？直到有一次儿子的鞋带开了，妈妈蹲下身子为孩子系鞋带，突然看到一种想象不到的可怕景象：眼前晃动着的全是腿和胳膊。于是，她抱起孩子，快步走出商场。从此，即使是必须带孩子去商场的时候，她也是把孩子扛在肩上。母亲学会了"蹲下身来看看孩子的世界"，站在孩子的角度想问题，一切难题也就迎刃而解了。

成人总是会将自己的想法和经验强加在孩子身上，觉得孩子的想法应该和自己是一样的。残酷的现实是，父母开心的事情，未必能让孩子也开心，父母喜欢的场合和东西，孩子不一定也喜欢。

为什么父母和孩子对同一件事情的理解会有这么大差别呢？

因为他们看问题的角度和高度不同。父母总认为自己是正确的，一切都是为了孩子好，所以，父母总是用自己的想法去替代孩子的想法。父母不知道孩子内心的想法，不了解孩子究竟想要什么。其实，父母所给的，不一定就是孩子想要的。

在生活中，有些父母抱怨无法和男孩进行有效的沟通，其主要原因是父母不能站在男孩的角度看待问题。

在一个夏日的午后，周韬浑身是汗地骑着自行车在车流中艰难地行进。儿子坐在他的车后，向他讲着在班里与同学闹别扭的事，劳累疲惫、心情烦躁的他毫无反应地听着。

渐渐地，儿子的声音弱了下来。突然，儿子小声说："爸爸，我差点儿忘了，老师让买一盒橡皮泥。"周韬不耐烦地说："早干吗去了，刚才路过文具店为什么不说！"谁知当他极不情愿地带着孩子返回文具店时，儿子竟然气鼓鼓地自己跳下车，生气地说："不买了，回家！"说完，头也不回地径直往家走。

一进家门，周韬就走到儿子面前质问他为什么这么不听话。儿子眼泪汪汪地望着他说："爸爸，你知道吗，我们小孩儿也很可怜！"周韬一下子愣住了，像遭到重重一击。儿子的小脸通红，哽咽着："爸爸，父母心烦的时候，可以对小孩儿发火；我们小孩儿心烦的时候，找谁发火呢？你知不知道，我们有时也很想找个撒气的地方。"孩子的话使周韬的内心长时间无法平静下来。

周韬有些自责：我们曾经也是孩子，也曾因为父母拒绝了我们的正当要求而难过，因为一次误解而遭斥责……这种伤害往往给我们留下难以抚平的伤痕，有时甚至会伴随我们一生。今天，做了父亲的我，却因为工作、生活的压力和烦恼而把不良情绪发泄到孩子身上，全然不顾孩子的心理变化和承受能力。

“我们小孩儿也很可怜”这句话使周韬猛然醒悟，他知道，自己粗暴的态度已经伤害了孩子幼小的心灵。孩子身上背负着父母望子成龙的殷殷期望、缺少兄弟姐妹的孤独感、繁重的学习压力……他们太需要心的交流和沟通。许多父母常常忽视了这一点，而只关注孩子的学习，只看重孩子每次考试的分数，却不知道这样做不利于孩子心理的健康成长。所以，许多的孩子变得不愿和父母说话。在这种环境下成长起来的孩子会和父母产生代沟，又怎么不会与父母心生隔阂呢?

从这以后，周韬就开始有意识地给自己的心里留出一块空间，让它去容纳孩子的喜怒哀乐。他知道不仅应该在学习和生活上关心孩子，更应该悉心去体味孩子那一颗渴望得到理解的心。

从此，周韬与儿子之间的沟通越来越密切，代沟在他们之间也消失得无影无踪。

站在孩子的角度想问题，是对孩子的尊重，也是有效沟通的一种重要技巧。作为父母应该学会换位思考的方法和技巧，当男孩遇到问题时，父母能够迅速从男孩的位置和角度来看待问题、分析问题、才能有效地解决问题。不仅如此，换位思考，还是一种了解男孩的真实想法，快速拉近和男孩心灵距离的有效方法。

尊重男孩，别拿男孩的隐私不当回事儿

隐私，是每个人藏在心里，不愿意告诉他人的秘密。人人都有自己的秘密，孩子也不例外。

在现实生活中，有些父母却把孩子当作自己的"私有财产"，随便干涉孩子的隐私：偷看日记，私拆信件，监听电话，暗中跟踪……凡此种种，都让孩子感到难堪，因此而导致的亲子冲突屡见不鲜。

有一位母亲当过20多年老师，却犯了一个令她后悔莫及的错误。一天，她发现儿子在自己的屋子里烦闷地走来走去，很替孩子着急。她隐约知道，上高中的儿子在谈恋爱，碰到了些挫折，她暗暗祈祷：儿子啊儿子，你可有点出息，别为这么点儿事想不开！一会儿，儿子出门了，妈妈再也按捺不住急切的心情，想方设法地撬开了儿子的抽屉，取出了儿子的日记。可是，当她翻开日记时，手却像被烫到了一样，原来儿子在日记中夹了一张纸条，上面写着："妈妈，我料定您会来偷看我的日记，我瞧不起您！我有烦恼是自己的事，您不必管我，我能挺过这一关！"这位母亲说："我低估了孩子的能力，还是应该尊重孩子啊。"

日记不是女孩的专利，男孩也有自己的小秘密。随着年龄的增长和独立性的增强，男孩们开始有了自己的一些"秘密"，日记本就变成了男孩

倾诉的“朋友”。但很多父母以对男孩“负责”“关心”为由，想方设法地翻看男孩日记，偷听男孩谈话，殊不知这些父母的做法却正是男孩们最反感的做法，会伤害男孩的自尊心，造成他们沉重的精神压力，甚至对父母产生敌意和反抗，导致父母与男孩关系的恶化。

刘翔宇是初中一年级的学生，近来，他总是感到非常苦恼，自己在家里的自由，似乎是越来越少了。自己与同学通话，母亲就来“窃听”，甚至有时候，他还没有接着电话，母亲就一口给回绝掉了，理由是要给自己“创造一个安静的学习环境”。就在前几天，刘翔宇和同学们约好在双休日到远郊农场进行“生物的多样性”的考察活动。本来刘翔宇已经和同学约定了晚上一起联络到农场去的方法，结果，当天傍晚，由于他到奶奶家去串门，回家迟了一会儿，一回来才得知，母亲已经将这件事给“回”了，母亲的理由是：没有征得父母的同意，擅自主张外出，绝对不行。最后，刘翔宇农场没去成，反而和母亲闹了一肚子不愉快。

最近，让刘翔宇感到最恼火的是父亲竟然在“偷窥”自己的小秘密。刘翔宇自己的房间有一个上了锁的抽屉，里面放着自己一些比较珍贵的纪念品、日记以及与好朋友的一部分合影。抽屉平时都是锁着的，可有一天早上上学，他由于忘记了把抽屉锁住，当他在晚上回家的时候，才发现自己的抽屉被人动过了。吃晚饭的时候，他发现父母的眼光有些异样。母亲说：“儿子，你有多少好朋友啊？交朋友可要慎重啊，你的小阿姨就是因为交友不慎，到现在还没有成家呢！”父亲更是横着眼，一上来就大声地呵斥：“小小年纪，不好好读书就谈上了恋爱，像什么话！”原来，父母发现在儿子抽屉里的那一沓照片，有许多是刘翔宇纪念春游的时候与一些别的班级女同学的合影，还看到日记中写着有关刘翔宇和女同学交往的事情，就认定儿子已经在谈恋爱了。这对于刘翔宇的父母来说，简直是不可想象的。这时的刘翔宇是有口难辩，怪只怪自己粗心大意，将所有的隐私给“暴露”了出来。从此以后，刘翔宇变得沉默寡言，与父母的交流日益减少，同时与同学们的交流也减少了许多，他自我封闭的表现日益严重。

有些父母通常没有“孩子也有隐私”的观念，觉得孩子有秘密就是“隐瞒”，是对父母不信任，是最不能容忍的。他们没有意识到孩子正在长大，没有真正考虑到孩子的感受。他们总觉得孩子年龄小，所以父母可以替他的任何事做主。实际上，父母的这种想法是非常错误的。父母要明白一点，男孩首先是一个人，而不是父母的附属品，所以他有了自己的独立人格，自然就有情感上的独立。任何人都不应该任意限制他们，也不应该打着各种美丽的幌子去任意揭露他们的隐私。剥夺了男孩的隐私，等于剥夺了男孩心灵成长的空间，不利于男孩的自我完善。所以，父母应以朋友的身份与男孩交谈，给男孩一定的心理空间，让他们尽量自己处理生活及学习中的问题，要相信男孩的所作所为。只有父母尊重男孩，男孩才能尊重父母，才能让男孩成长为成熟又自信的成年人。

1.经常与孩子沟通

有一位母亲这样述说了和儿子关系的转变：

儿子初二那年，我发现他的一个日记本是带锁的，手机也设置了密码。我知道，那里一定有儿子不希望我们看的东西。那一刻，我心里很不好受，觉得自己是个失职的妈妈。

我到学校找到老师了解情况，并未发现有什么异常，于是我反思自己：是不是对他管得太严而使他没有了个人的空间，是不是我过度的关心让他不自觉地逃避，是不是我无处不在的唠叨让他很烦？

虽然我很想看看日记里写了些什么，手机里有什么秘密，如果我想知道，并不是难事，但我还是抑制住了自己的好奇心。在人格和尊严面前是没有父母孩子之分的，我不想用“非正当”的手段获取信息，从而采取另一种方式与他交流。

我主动和他聊学校里的事；在他看书学习的时候不再陪在他身边；有些家里事还找他拿主意；不时地把自己的小秘密拿出来和他分享，告诉他这是我的秘密，只许他知道，慢慢地让儿子觉得我很信任他。那天我进屋给他送牛奶，他正在写日记，看到我进来，他并没有马上收起日记本，我知道儿子对我已不再设防。

这是一位多么有智慧的母亲，她没有侵犯孩子的隐私，而是留给孩子一片属于他自己的天地，与孩子坦诚相待，从而保证了亲子关系的和谐。

男孩的隐私权与父母的监护权之间，如果有良好沟通作为桥梁，那么，它们本是一体的。沟通是相互的，但父母理应更主动，在沟通中起到主导的作用。父母应该常与男孩沟通，试着去了解他们的想法，相信男孩、理解男孩、宽容男孩在成长过程中的稚嫩想法和做法，尽量以平等的身份多与男孩交流，倾听和征求男孩的意见和建议。如果男孩真把自己的父母当成最知心的朋友，父母还有必要去干那些偷偷摸摸的事吗？

2．不用隐私要挟男孩就范

有些父母发现了儿子的隐私，会以此作为筹码，要挟男孩按照自己的意愿行事，这种行为无法赢得男孩的尊重。男孩最痛恨被人用隐私要挟自己就范的行为。父母只有尊重男孩的隐私、秘密，并给予保护，才能获得男孩的尊重和敬爱。

3.多给男孩一些自由空间

父母要根据男孩的选择给他自由，不能多加干涉。父母应努力创造条件，发掘男孩的内心世界，减少神秘感，培养男孩的独立意识和创造能力，引导男孩在学习和生活中检查、论证自己的思维过程和内心隐私的正确与否，以规范自己的行为。

耐心沟通，父母要做男孩最知心的朋友

曾经有人说，如果世界上的人都能够很好地进行沟通，那么就不会引起误解，就不会发生战争。这种说法或许有些绝对，但事实上，人与人之间之所以会出现疏远、隔阂、堤防、误解、冲突、分歧等，从某种程度上说，确实是人与人之间的沟通没有保持通畅。

春秋时期，孔子和他的弟子们一起周游列国，游说讲学。路上经过一个小国，因为国内大旱，遍地饥荒，几乎没有任何食物可以充饥。大家都饿得头昏眼花，于是，颜回让众人休息，他亲自去附近的其他小国买回了食物，并且忍着饥饿给大家做饭。

不消片刻，米饭的香味就四散飘出，饥肠辘辘的孔子，禁不住饭香的诱惑，想看看饭是否已经好了。不料孔子走到颜回身后时，只见颜回掀起锅的盖子，看了一会儿，便伸手抓起一团饭来，匆匆塞入口中。孔子看到颜回的举动，心中顿生一股怒气，想不到自己最钟爱的弟子，竟然偷吃饭！

当颜回双手捧着一碗香喷喷的白米饭端给孔子时，孔子正端坐在大堂里，沉着脸生闷气。

孔子看到颜回手中的米饭说道："因为天地的恩德，我们才能生存，这饭不应该先敬我，而要先敬天地才是。"颜回说："不，这些饭无法敬天地，我已经吃过了。"孔子生气地问："你既知道，为什么还自行先吃？"颜回笑了笑："我刚才掀开锅盖想看饭煮熟了没有，正巧房梁上有老鼠窜过，落下一片不知是尘土还是老鼠屎的东西正好掉在锅里，我怕坏了整锅饭，赶忙一把抓起，又舍不得浪费那团米饭，就顺手塞进嘴里。"

听到此处，孔子恍然大悟，原来有时连亲眼所见的事情也未必就是真实的。真实，如果只靠臆测就可能造成误会，于是他欣慰地接过颜回捧给自己的饭。

从这个小故事中，我们可以看出沟通的重要性。如果颜回没有和孔子及时沟通，那么孔子就很有可能会错怪颜回，并且对他失望，认为他是一个行为不端之人。而颜回自此也就不能得到孔子的厚爱，这样的结果对谁都不公平。由此可见，人与人的交流、沟通如果不及时、不顺畅，就不能将自己真实的想法告诉对方，很有可能造成误解。

在家庭教育中，有许多问题也都是由于沟通不当或缺少沟通而造成的，结果会不可避免地导致误解。

葛先生是一位单亲父亲，独自抚养8岁的男孩乐乐。一个男人带着一个孩子过日子确实辛苦，葛先生既当爹又当妈，白天上班赚钱养家，晚上回来还要细心照顾儿子。每当乐乐放学后一个人在家，葛先生心里总是酸酸的，心里面既怀念过世的妻子，又希望自己能够对儿子更好一点。

一个周末，由于工作上的急事，葛先生一大早便将乐乐留在家里，匆匆忙忙离开家。一路上他担心儿子没有饭吃，心里总是放不下儿子，不时往家里打电话询问，乐乐很懂事地告诉爸爸不要担心。在处理完事情后，葛先生赶回家，到家时已是次日夜里2点多，看到儿子早已睡着，葛先生才松了一口气。一路上的奔波，让葛先生浑身疲惫，洗漱之后他正准备睡下，结果掀开被子，发现有一碗泡面打翻在床上！

这还怎么睡觉？葛先生一怒之下没有多想，拽起熟睡中的儿子，不容分说冲着儿子的屁股一通打，边打还边骂："你怎么这样不懂事，惹爸爸生气！把被子弄脏了，晚上让爸爸睡在哪儿？"这是妻子过世后，葛先生第一次打儿子，那真是打在儿子身上疼在自己心里，再加上过度的疲劳和压力，葛先生的眼泪不自觉地流了下来。

直到葛先生打完儿子，气消了，乐乐才哽咽地辩解说："我没有，没有调皮，这，这是我给爸爸弄的泡面。"原来乐乐赶在葛先生平时下班的时间，特地泡了两碗方便面，一碗自己吃，另一碗留给爸爸。可是爸爸一直也不回来，乐乐生怕那碗面凉了，便不懂常识地盖在棉被底下保温。

葛先生听完后一语不发，紧紧地抱着儿子，低声地道歉："是爸爸不好，错怪了乐乐，爸爸是坏蛋！爸爸发誓以后再也不会打乐乐了！"接着，葛先生端起碗，一边吃着剩下的泡面一边还哽咽地说："儿子，这是爸爸吃过的最好吃的泡面！以后爸爸回来晚了，你还要记得给爸爸泡面，我一定全都吃完。只是以后不要再用棉被盖了，这样会弄脏床铺。"乐乐点点头，破涕为笑……

俗话说：子女好与坏，在于父母的沟通和关怀。没有两代人之间正常的心理沟通，就没有有成效的家庭教育。亲子关系是孩子降临到世间所面临的第一种人际关系，它对孩子的身心健康与成长十分重要。因此，父母要想与孩子培养亲情，使孩子能够真正健康快乐地成长，与孩子心灵上的沟通是非常重要的。

一位著名的教育家说："父母教育孩子最基本的形式，就是与孩子谈话，我深信这是世界上最好的教育形式之一。"作为父母，要想维持良好的亲子关系，就必须学会与男孩沟通。

1.心平气和，控制情绪

沟通不是吵架，父母需要平心静气。如果父母很冲动，不但会破坏沟通气氛，同时也在关闭孩子与你谈话的心门。沟通的结果很可能是不欢而散，并从此在孩子心中埋下逆反的种子。所以，父母在与男孩沟通谈心时，一定要控制住自己的情绪，不要以为自己是孩子的父母就可以随意火冒三丈，大喊大叫。

2.多用"我"字句型

"瞧你收拾的房间，乱七八糟"。许多父母喜欢这样对男孩说话，但此话一出，你就把孩子置于难堪的境地，非但孩子听不进父母的话，还很可能让他们恼怒。但如果换一种说法："如果你把房间收拾干净点，我会很高兴。"虽然父母向孩子表达的意思相同，却能让孩子接受。

如果父母希望成功与孩子沟通，最好用"我"字句型。例如，"我对你数学考试不及格感到失望"和"你数学考试不及格真让人失望"大有不同。后一句话，包含着父母的批评与责备，孩子会因父母的失望而产生负罪感，而前一句话听起来父母是在同情孩子，而不是批评。用"你"开头的否定句听上去总像是批评，这种话会让孩子觉得犯了错，因为没有达到父母的期望而遭到批评，除此之外，孩子感觉不到其他的感情。

3.充分理解孩子

父母想保证成功沟通最关键的要素就是理解孩子。真正的理解要求父母能设身处地为孩子着想。如果父母与子女之间不能相互理解，每个人都固执地从自己的角度出发，那么良好沟通就无法实现。

父母理解孩子，得到的回报是孩子对父母的理解。而在父母与孩子相互理解基础上的沟通，不仅能达到良好的沟通效果，而且更容易让孩子养成理解他人的习惯。让孩子学会理解他人是非常重要的。如果孩子长大后不能理解他人，不能与他人达成良好的合作关系，那么即使他有三头六臂，也不能顺利地做好每件事情，只会为自己设下无法逾越的障碍。

父母有父母的理想，男孩有男孩的梦想

很多父母都有一个通病——在自己身上没能实现的愿望，总要千方百计地在自己孩子身上实现。于是，常可以看到有些孩子被迫变成全能选手，弹钢琴、跳舞、踢足球、唱歌、滑冰、参加智力竞赛、当班干部等，凡是父母觉得好的东西样样不缺，孩子看起来像个超人，心里却对父母的严厉压迫充满怨恨。

有一只小鸟由于一直没能学会飞翔，被鸟妈妈称为“笨鸟”，小鸟不服气地说，世上笨鸟有三种，一种是先飞的，一种是嫌累不飞的……鸟妈妈问：那第三种呢？小鸟说：这种最讨厌，自己飞不起来，就在窝里下个蛋，要下一代使劲飞。

想想现实生活中，许多父母又何尝不是心愿未成便将希望寄托在孩子身上，总期望他们能“学业有成”，成为“人中龙凤”。

父母将美好的希望寄托在下一代身上可能无可厚非，但如果将自己的梦想强加给孩子，而这些又不是孩子的兴趣所在，那么这些强加在孩子身上的希望往往就会不知不觉地走进一个死胡同。对此，日本教育家池田大作先生曾这样说过：“父母可以有自己的理想，但干涉孩子的理想，就等于不承认孩子的人格。青少年不良行为的种子，最初都是从这里发芽的。”的确，让孩子来承载父母的愿望，无疑是残酷的。而这样做的最终结果，往往与父母一厢情愿的预想相反，有时那些不切实际的期望反而给孩子造成了许多压力，使孩子出现许多心理问题。

有一对夫妇观看了一场由丹麦12岁的音乐“神童”演奏的钢琴音乐会，除了羡慕不已，他们还下定决心，也要将儿子培养成为一名钢琴“神童”。

他们省吃俭用两年多，终于攒下一笔钱，为儿子买回了一架钢琴。他们的儿子一生下来就对音乐不感兴趣，乐感也非常差，但是父母逼着他必须培养起对弹琴的兴趣。

妈妈每周两次陪着儿子到钢琴教师家去学两个小时钢琴。为了对儿子练钢琴能起到监督作用，只有一点点简谱底子的父亲还去“加强班”进修了两个月的五线谱。

然而，纵使父母费尽了心机，但一看到钢琴就头大的儿子练琴时如坐针毡。父母为了让儿子坐到钢琴凳上，用他妈妈的话说，“不打一顿，也得数落10分钟”。即使是这样，儿子对钢琴仍然没有丝毫兴趣。他天天都在幻想和小伙伴们去绿茵场上痛痛快快地踢上一整天的足球。

因此，由于父母整日强迫着他学钢琴、练钢琴，儿子的逆反情绪越来越强烈。终于有一天，儿子的这种逆反情绪像一座“小火山”一样爆发了——他从厨房里拿出一把雪亮的菜刀，“咣”“咣”“咣”将那架钢琴劈了个“伤痕累累”！

这个案例警示天下父母：把自己的意志强加给孩子，压抑孩子真正的兴趣会引发严重的后果！

的确，父母把自己的梦想强加于孩子，对孩子来说是沉重的负担。父母在辛苦播种希望的同时，收获的却也只是失望。父母将自己未完成的心愿强加于孩子身上，殊不知挤占了孩子自主成长的空间，给孩子带来了不必要的心理负担。孩子是独立的个体，有权利选择自己的兴趣、爱好、专业和人生道路。做父母的要尊重孩子的独立性，尊重孩子自己的选择，让孩子能自由地发展，而不是被别人设计好的框子限制住。不然，他们也会同父母一样，在补偿上辈人遗憾的同时，也就留下了自己的遗憾，而他们的遗憾又由谁来补偿呢？父母只要真正从孩子的角度出发，就能放下心结。

每个人都有自己的理想，父母自己实现不了的理想，千万不要寄托在孩子身上。父母可以把自己小时候没有实现的理想告诉孩子，把自己的失败过程告诉他，至于孩子怎么做，是孩子自己的事情。要知道孩子也有自己的理想，而他的理想很可能跟父母的理想根本就不一样，父母何必把自己的理想强加给他呢？

孩子是我们的孩子，但孩子不是我们的附属物，不是我们的奴隶，更不是我们实现自己未完成梦想的工具，孩子是独立的个体，他有自己的人生，有自己的梦想。作为父母，我们要做的是陪伴孩子寻找和实现他自己的梦，让他走真正属于自己的人生之路。

世界首富比尔·盖茨小学毕业后，父母将他送进了西雅图市一所名叫“湖滨中学”的私立中学。

盖茨中学毕业时，很想进入哈佛大学读书，这也是父母的最大心愿。但是在专业的选择上，父亲与儿子却发生了严重分歧。盖茨的父亲在美国律师界的声望很高，他十分希望子承父业，所以主张盖茨选择法律专业。但盖茨对学法律、当律师没有多大兴趣，他喜欢的专业是数学和计算机。

父亲经过冷静思考，意识到若强迫盖茨学法律，只会扼杀他在计算机方面的天赋，对儿子的长远发展肯定是极其不利的。最后，父母尊重了盖茨的选择，决定由儿子做主，让他在计算机领域自由发展。

然而，更大的分歧出现在盖茨进入哈佛仅仅一年后：盖茨决定离开这所世界一流的学府，与朋友一起创办计算机公司。这对他的父母来说是一个棘手的难题，他们百思不解，开始时也极力反对，但到最后不得不尊重儿子的选择。

比尔·盖茨自己做主的这次重大选择，无疑改变了他的一生，奠定了他“电脑王国”无可争议的领袖地位。

比尔·盖茨最幸运的地方在于，他有开明的父母，在他选择学校、选择专业、选择退学创业这几个重要时刻，最终他都得到了父母的理解和支持。正是盖茨自己做决定的这几次正确的选择，使盖茨的天赋、兴趣与他的事业找到了最佳的契合点，成就了他今日“富冠全球”的宏大事业。

其实每个孩子都有自己的梦想，父母要做的事情就是尊重孩子的选择，让他们健康快乐地多元化发展。古今中外很多名人的成功之路都不是由父母为其选择的，他们都是根据自己的选择而成大器的。孩子的路终究还是要孩子自己走。为人父母者，与其把自己一厢情愿的未圆梦想加于孩子身上，不如与孩子一同圆个美丽的梦，把对孩子的期望转化为对孩子的赞赏、鼓励、支持，让孩子在父母适度的引导中找到向前迈进的动力，按照自己的能力、爱好和兴趣发展，实现自己的梦想。

第三章
品格塑造，培养最具修养的男孩

向往光荣，做为荣誉而战的男孩

什么是荣誉？《辞海》对荣誉的解释为：光荣的名誉，是指社会上人们对于正确的行为所给予的敬重、认可和赏识。荣誉包含两层意义，一是个体对社会的价值，即个体做出了什么样的功绩，得到了什么样的声誉；二是个体内在的心理感受和精神需要，如光荣感、崇高感和上进心，以及所处社会的道德规范和要求，如责任、勇敢、忠诚等。西方军事理论家克劳塞维茨说过："在一切高尚的情感中，荣誉心是人最高尚的情感之一，是战争中军队获得灵魂的生命力。"

自1898年西点军校把"职责、荣誉、国家"正式定为校训以来，西点军校特别重视对学员优良品德的培养。校方反复强调，西点不仅是在培养优秀的管理人才，更是在培养"品德高尚"的管理人才。

以荣誉教育统领德育，是西点道德发展方针的核心内容，有时甚至是全部内容。荣誉教育在西点被当作"兴奋剂"来使用，在西点人的眼中，荣誉感和责任感就是自己的左右脑，缺一不可。学员一旦得到了荣誉，这无形的精神满足会化作强烈的内在动力，激发学员完成学业、取得成就的欲望，进而影响学员终生，为学员成长为军官打下良好的基础。

两军对阵的训练中，西点的学员们总是冲在最前面。虽然这是最危险的位置，但是对西点学员来说，这是一个象征荣誉的位置。从西点军校走出来的军人们总是出现在最困难的战场和最危险的阵地，用自己的身躯甚至生命，攻破一个个最难的阵地，完成了一个个艰巨的任务，取得最终的胜利，这才是真正的战士。

荣誉是人一生中的最大资本，有了它，你才可以赢得别人的信任和尊敬。法国启蒙思想家孟德斯鸠曾经说过：光荣是我们获得的新生命，其可珍可贵，实不下于天赋的生命。歌德也有一句名言：你若失去了财产——你只失去了一点儿，你若失去了荣誉——你就丢掉了许多。一个人有了强烈的荣誉感，才会有向往光荣、谴责羞耻的道德取向，才会有不畏艰难、顽强拼搏的战斗精神，才会有争创一流、建功立业的不竭动力。

公元前480年春末，波斯国王率海陆大军进犯希腊。一些明智的波斯人听说希腊人正在举行运动比赛，优胜者的奖品不是金钱，而是用月桂树叶编成的代表荣誉的桂冠，大为震惊，感到“这是一群不可战胜的敌人”。果然，最后波斯人的进攻在气贯长虹的希腊人面前遭到惨败。

可见，追求荣誉的力量是多么强大！深谙其理的希腊人就是靠它击败了敌人的进攻，赢得了战争的胜利。

荣誉的光辉可以照耀一个人的一生。荣誉感的形成有助于完善人格，促进道德全面发展，高尚的品格是一个人立足的根本。

所谓荣誉感，是指社会或集团对人们履行社会义务的道德行为的肯定和褒奖，是个人从特定组织获得的专门性和定性化的积极评价，个人因意识到这种肯定和褒奖所产生的道德情感。荣誉感对人思想品德的升华起着推动作用，对人的思想和行为还起着监督与审判作用。由此可见，荣誉感是人一生不可或缺的情感体验，没有这种情感体验，人就会失去上进的动力。

荣誉感是一种促使人努力向上的道德情感，是一种积极的心理情绪，它能产生使人履行道德义务的巨大精神力量。真实的荣誉，往往是可爱的；虚假的荣誉，却是可憎的。《墨子·修身》中说：“名不徒生，而誉不自长，功成名遂，名誉不可虚假，反之身者也。”一个人荣誉的获得，不在于金钱的多少，也不在于权力的大小，而在于对待善恶、美丑与真伪的态度和选择。

荣誉感，是人们的一种高层次的精神追求，在人生坐标中有着极其重要的地位。对于男孩来说，荣誉感更是其健康成长的必要条件。有荣誉感的男孩，就会珍惜荣誉，能够自觉摒弃那些有损荣誉的不良行为习惯。而男孩一旦缺少荣誉感，对什么事情都无所谓，对什么事情都不在乎，就非常危险了。这种心态会导致男孩不求上进，糊里糊涂地混日子，甚至会引发违纪违法的不良行为。因此，培养男孩的荣誉感是教育的重要内容。父母要充分认识这一点，在日常生活中要有意识地培养男孩的荣誉感。

1.培养男孩的家族荣誉感

一个人的荣誉感是否强烈，往往与其置身的环境有关。从这个意义上说，要培养男孩的荣誉感，父母必须注重营造家庭的氛围，让男孩在这种好的氛围中成长。

家族荣誉感，影响一个人的行为方式，决定一个人的价值观。纵观国内外，很多强盛的家族，都会有自己的家训。有些家族还会有象征家族的徽章、传家宝等用以纪念家族荣耀的物品。这些家族中的孩子从小到大都被灌输着“人必须要有家族荣誉感”的观念，被教育一生都必须为捍卫家族荣誉而努力奋斗。

在这种环境中成长起来的男孩，不仅有强烈的家族荣誉感，也会拥有团队荣誉感和个人荣誉感，他们有明确的目标和道德底线，使他们扬善避恶，并且具备很多优秀的品质：诚实、乐观、积极向上、有智慧、有能力、充满责任感……为此，父母有必要培养男孩的家族荣誉感。

2.培养孩子的集体荣誉感

所谓集体荣誉感，是指一种热爱集体、关心集体，自觉地为集体尽义务、做贡献、争荣誉的道德情感。它是一种积极的心理状态，是激励人们奋发进取的精神力量。

在当今时代，大多数男孩为独生子，加上父母的娇生惯养，很多男孩在家里很容易养成以个人为中心的观念，在学校或社会上缺少集体荣誉感。这种观念对男孩的成长是有害的。

现代社会中个人和集体总是分不开的，一个人总是大大小小集体中的一分子，人的发展离不开集体。具有集体观念的人更容易融入一个新的环境中来，并与集体共担荣辱，这是一个人不可或缺的品质。

袁刚是小学5年级的学生，并且担任班长一职。他班里原先有这样一个男同学，他很贪玩，没有上进心。学习成绩每况愈下，每次考试都是他一个人不及格，老师、同学都替他担心。经过老师多次的谈心和教育，这个男学生触动很大，他逐渐改变了原来的做法，认识到学习的重要性，开始慢慢静下心来学习。可是，他的成绩总不见提高。一次晨会课，袁刚主动向班主任请求说要和这位同学做同桌。班主任问他为什么，他大声地告诉班主任和全班同学说："因为他的成绩不理想，而帮助同学是每个学生的义务，作为班长的我，更应该起带头作用。"袁刚的一席话，让班主任和在座的所有同学都深深感动了。随后班主任就立刻给他们调换座位，袁刚也利用课余时间给这位男同学补课，平时让成绩优秀的同学也多指导他、帮助他。在集体的感染下，这个男同学有了很大转变。他开始意识到同学和老师这么帮助他，自己怎能拖大家的后腿呢？后来，这个同学的学习成绩在整体上不断提高。期末考试时，他们班没有任何人不及格。在成功面前，这个同学很高兴，所有的同学也都为其感到高兴。

事实证明：集体的荣誉感可以催人奋发向上。所以父母要让男孩树立强烈的集体主义精神，要使男孩知道集体是许多人团结起来的有共同目标、有组织的整体。集体的荣誉关系到个人的荣誉，个人荣誉又与集体荣誉息息相关，两者是相辅相成的。让男孩从小就养成集体意识，可以使他们成为适应社会需要的，具有强烈的集体责任感和义务感的社会成员。

对他人的恩情，男孩当涌泉相报

感恩是中华民族的传统美德，是一种处世哲学，是一个人对自己和他人及社会关系的正确认识；感恩也是一种责任，知恩图报，有恩必报，它不仅是一种情感，更是一种人生境界的体现。

从道德的层面上看，人家帮助你，你当然要懂得回报，这是一个人善良和高贵的象征；从现实的角度看，如果一个人受到他人的帮助时不但不思回报，甚至恶意相向，那么，这个世界将会变得如何的浑浊黑暗?

感恩是人性真善美的具体体现，是一种最诚挚的生活态度；感恩是每个人应有的道德准则，是做人最起码的修养。如果在我们的心中存有一种感恩的思想，则我们通过感恩可以沉淀许多的浮躁与不安，消融许多的不满与不幸。只有心怀感恩，我们才会生活得更加美好。

然而在当今社会，感恩却是一种人类普遍缺失的生活态度和品德修养。在这个物质生活丰富的时代，我们常常对周围的一切冷眼相对，往往把金钱和利益看得太重，忽视了人与人之间的感情。觉得父母照顾我们，朋友关心帮助我们都是理所当然的。忙忙碌碌的生活，让我们忘记了感恩，也无暇去感恩，在有意无意中伤害了那些对我们有恩的人，这是一种悲哀。

有一个富商同时资助了5个贫困中学生一段时间。后来他们突然收不到每个月的资助费了，原来富商的公司遇到了财务危机而且马上就要破产了，所以富商没有办法再继续资助他们了。富商的心情很沮丧，而且感觉到自己很失败的同时也对自己不能再继续帮助这些孩子而感到悲伤，同时，对没有一个孩子关心他现在的情况而感到失望。

又过了一段时间，因为失去了富商的资助，所以这5个原本幸运的孩子又过回了原先窘迫的生活，他们不知道为什么这位好心的叔叔不肯再继续资助他们了。再后来，他们听说那个富商又继续资助他们5个孩子之中的一个孩子了。这5人之中的另一个孩子着急了，他多么希望幸运的光环可以再次降临到自己的头上。所以他顾不得心里的忐忑给那位富商打了一个电话，当电话里传来富商和蔼可亲的声音时，孩子问道："您能也继续资助我吗？我真的很需要您的帮助！"富商在电话那边沉默了半分钟说道："孩子，你有没有想过为什么我又再次资助另一个学生而没有再次资助你们？当我心情最低落的时候，我以为我不能东山再起了，可是我收到了一通意外的来电，就是那个我再次资助的孩子打给我的。他在电话中说不知道我是因为什么原因不能再继续资助下去了，但是他还是很感谢我这些年来对他的帮助。后来我又重新振作起来，事业也在我的不断努力下起死回生，所以当我又有能力的时候，我决定继续资助这个孩子。至于你们，我只能感到很抱歉，因为我不能再帮助一些永远不知道感恩而只知道一味索取的人。"是呀，他从来都只知道接受富商每个月的赠予，从来不曾想过要感谢别人的这份爱心，自己接受得理所当然，就算是后来收不到钱了，自己也没想过是什么原因导致富商不再资助自己了，从没有关心过这个问题。听到这里这个孩子感到无比羞愧，脸红地放下了电话。

俗话说“滴水之恩，当涌泉相报”“投之以桃，报之以李”……然而现在，我们也不得不承认这样一个社会现象：知道感恩的人很少了，尤其是孩子！

感恩是一种对恩惠心存感激的表示，是每一位不忘他人恩情的人萦绕心间的情感。我们学会感恩，是为了擦亮蒙尘的心灵而不致麻木；学会感恩，是为了将无以为报的点滴付出铭记于心。常怀感恩之心，我们便能够无时无刻不感受到生活的幸福和快乐。

现如今的男孩多数是独生子，在家的地位可谓“至高无上”。全家人都以他们为中心，而他们从小到大都是扮演被爱的角色，久而久之，很多男孩认为从父母那里得到东西是理所当然的，男孩在生活中只知道索取，不知道回报，自然不会想着去关心别人、感激他人。所以父母教育男孩“学会感恩”是一件很重要的事情。

感恩教育是家庭教育的重中之重。一个懂得感恩的男孩会更加珍惜自己的生活，善于发现事物的美好，感谢他人给予的一切。男孩能够感受平凡中的美丽，就会以坦荡的心境、开阔的胸怀来应对生活中的酸甜苦辣。让男孩学会感恩，从而让男孩以友善之心对待他人，尊重他人的劳动成果也更加尊重自己，这有助于他们良好品格的形成，使男孩一生受益无穷！

1.别让男孩觉得一切都理所当然

在生活中，父母不要对男孩保护太多，干预太多，不要为男孩打理一切事务。如果父母对男孩的保护过多，那么男孩就会渐渐习惯于父母的包办代替，就会认为这一切都是理所当然。久而久之，男孩就很难再懂得感恩父母对他们所做的一切了。

周丽对儿子十分疼爱，事事替儿子包办，从没让儿子帮自己做过家务，即使是端茶倒水之类的事情也从不让儿子做。而儿子也认为妈妈天天这样为自己服务是理所当然的。

有一天，周丽下班后有些不舒服，坐在沙发上，感觉口渴，但却不想动，她就叫正在看电视的儿子给自己倒一杯水，没想到儿子头也不回地说："你自己倒吧，没看见我正在看电视吗？"

周丽听到此话，泪水几乎要夺眶而出，她怎么也没有想到，自己一心照顾儿子，如今长大的儿子不仅不知道感恩，竟连一杯水都懒得给自己倒。

很多男孩都认为，自己从父母那里得到东西是理所当然的，父母为自己所做的事情都是他们应该做的。这使得男孩只要求别人关心、爱护、迁就自己，却不会想着去关心别人、感激别人。作为父母，要告诉男孩，父母的爱虽是无私的，但父母也期待着男孩的关心与安慰，哪怕是微乎其微的，父母也会很知足的。

2.教男孩感恩他人

冯佳是小学3年级的学生。一次上体育课时，他不小心摔倒在地，腿上磕破了皮，几个同学见状立刻上前把他扶了起来。后来，体育老师背着他去了学校医务室。医生简单检查后，给冯佳敷上了一些创伤药，体育老师才放下心来。

冯佳回家后把这件事情告诉了妈妈，说自己当时很感动。冯佳的妈妈趁机教育孩子不仅要有感动的心，同时还应有知恩图报的行为。妈妈告诉冯佳乐于助人是使人快乐的事情，他要有乐于助人的美德。冯佳明白了妈妈的心意，从此不但知道了感恩，而且学会了主动帮助别人。

我们每个人生活在社会中，都会受到别人的帮助。父母要让男孩懂得用感恩之心去感受世间的亲情、友情和恩情，男孩在接受他人关爱、支持和援助时，应给他人以回报，不要只一味索取和享受。父母应教育男孩将他人恩惠铭记在心，懂得知恩图报。只有从小培养男孩懂得感激他人对自己的好，对自己的帮助，让男孩拥有一颗懂得感恩的心，长大之后男孩才能成为一个懂得感恩的人。

3.父母要以身作则

孙伟从小就是个懂事的男孩，父母下班时知道给妈妈拿拖鞋，为爸爸倒杯水，捶捶背。很多人都夸奖孙伟孝顺。实际上，孙伟的孝顺行为都是从爸爸那里学来的。

孙伟的奶奶半身不遂，卧床不起，每天都是爸爸给她梳头、做饭、洗衣服。孙伟看到爸爸对奶奶这样无微不至的照顾，也学着爸爸的样子照顾奶奶了。

后来，孙伟开始上学，也懂得了很多道理。他知道爸爸很孝顺奶奶，看到爸爸天天这么劳累，他就自觉地替爸爸做一些力所能及的事情，渐渐成了令其他父母夸赞不已的好孩子。

父母要严格要求男孩，从点滴做起，在日常生活中向男孩渗透感恩意识，并在一些小事上给予积极的引导。凡是要求男孩做到的事，自己首先要做到、做好。要求男孩尊敬老人，父母首先就要尊敬老人。让自己的一言一行、一举一动随时随地成为男孩学习的榜样，使自己的行为潜移默化地影响到男孩。如果父母常怀一颗感恩之心，那么男孩也势必会拥有一颗感恩的心。

同情心，给男孩一个温暖的世界

18世纪英国古典政治经济学的主要创立者亚当·斯密写过一本《道德情操论》，书中明确说，人类所有的道德都是从同情心发端的。所谓同情心，是指一个人对他人的不幸遭遇产生共鸣，以及对其所表现出的关心、赞成、支持的情感。它要求人们善于理解他人的处境，随时准备从道义上支持他人，从行动上帮助他人。心理学上认为：同情别人，不仅是一种良好的品德、高尚的情操，而且是人必备的一种最基本的素质。只有具备同情心的人，才能主动地理解、支持和帮助别人。

有一个幼教专家到某家幼儿园进行心理测试，有这样一个题目："一个小妹妹发烧了，她冷得直哆嗦，你愿意借给她外套穿吗？"结果孩子们半天都不回答。当老师点名时，第一个孩子说："病了会传染的，她穿了我的衣服，那我也该生病了，我妈妈还得花钱给我治病。"第二个孩子则说："我妈妈不让，如果我借了衣服妈妈会打我的。"第三个孩子说："给我弄脏了怎么办？"第四个孩子说："我怕弄丢了衣服。"结果半数以上的孩子都找出种种理由，表示不愿意借衣服给生病的小妹妹。

听到孩子们让人心寒的回答，一位幼儿园老师实在不甘心看到这样的结果，叫来自己4岁的儿子问道："一个小朋友没吃早餐，饿得直哭，你正在吃早餐，你该怎么做呢？"见儿子不回答，她又引导："你分给他吃吗？""不给！"儿子回答得十分干脆。妈妈又劝：

“可是，那个小朋友都饿哭了呀！”儿子竟答：“他活该！”

现在的孩子为什么会有这样的表现呢？其实，这正和父母自身的行为有着密切关系。父母如果希望孩子更加懂得关心和爱护别人，孩子长大后具有爱心和责任心，正确的家庭教育和父母的品德行为至关重要。

同情心是人的天性之一，也是构筑人类善良天性的坚强柱石。同情心是一种重要的人格品质，具有同情心的孩子更能够体会他人的情感，更容易融入社会。曾经有一位哲学家说过：对于一切有生命之物的同情，是对品行最牢固和最可靠的保证。谁满怀这种同情，谁就肯定不会伤害人、损害人、使人痛苦，如果孩子懂得如何宽容地对待他人，宽恕他人，帮助他人，那么他的行动将会带有公正和博爱的印证。具有同情心的孩子不仅能从事对社会有益的工作，而且更能得到同伴和大人的喜爱。

在法国的一个家庭中，有一个孩子粗暴地将一位上门乞食的流浪者驱赶出了自己的家门。父母看到孩子的这种行为，特意为此召开了家庭会议。大人严肃、耐心地启发这个孩子：“对于流浪者来说，他们尽管穿着邋遢，却同样享有人的尊严。”父母的教育使孩子明白了一个道理：仰慕强者可能是人之常情，而同情弱者更是人美好情感的一种体现。后来，孩子提出邀请那位受自己侮辱的流浪者来家中做客，大人们都很支持他的决定。

孩子的同情心是一种非常珍贵的感情，它主要表现为对别人的关心和安慰。这种感情对于孩子个性的健康发展、情感的发展，以及良好人际关系的建立有着非常重要的意义。苏联教育学家苏霍姆林斯基认为：“人们同情心的培养需要从童年开始，因为如果在童年时代没有受到善良情感的教育，以后就再也不能在他们身上培养起这种情感。儿童一旦失去这样的教育时机，其童心就可能走向邪恶。”因此，父母要重视对男孩同情心的培养。

1.保护男孩的同情心

一位母亲经常鼓励儿子去帮助他人。一次，儿子在过马路时看见一位老爷爷行动不便，他看了看妈妈，妈妈就用鼓励的眼神看着儿子。于是，儿子主动走上前去，扶着老爷爷过了马路。老人很感激地对小男孩儿道谢。这位母亲不仅发现了儿子的美好情感，还及时鼓励了儿子的善良行为。她对儿子说：“你注意了没有？刚才你那么做的时候，旁边的叔叔、后边的阿姨也都向你投来赞许的目光呢！”这位母亲真是具备了非常高的教育艺术，她用自己的肯定，他人的赞许来强化孩子的善良行动。

男孩具有天生的同情心，父母不要轻易扼杀男孩的同情心，而应该保护和培育男孩的同情心。父母要鼓励男孩多关心他人，多做好事。当男孩做了好事时，父母要对其进行鼓励及表扬，因为父母的信任、外界的反馈会促使男孩有进一步的行动，男孩与父母的互动会形成良性的循环。

2.用生活的实例激发男孩的同情心

某所学校举行一次募捐活动，一个二年级的男生拒绝捐款，后来在好友的劝说下，极不情愿地捐了10元钱。当别人问他为什么这么缺乏爱心时，他非常不屑地说：“为什么要我捐款呢？他们可以靠自己挣呀，我也很穷，谁来给我捐款呢？”男生的话反映了他对别人的冷漠。后来他说，从小时候开始，母亲就教育他，对于那些靠别人帮助过日子的人，我们不要去同情他们，人都应该靠自己生活。他还记得，有一次因为自己给了路边一位行乞的老大爷几块钱，母亲把他骂了个狗血淋头。从此以后，他就再也不敢去帮助别人了，以至于长大后，他变得越来越冷漠。最后，这个男生因为没有朋友，觉得生活没有意义而患上了抑郁症，在一个夜晚自杀了。

男生的母亲悔恨不已，她说自己怨恨这世界，所以就教育儿子不要去同情别人，她以为这样做可以让儿子学会独立，可是没有想到却害了儿子。

让同情心在男孩的心里扎根，离不开父母的引导。父母要引导男孩在关心人、帮助人的过程中体验幸福和快乐。日常生活的点点滴滴，都是父母培养男孩同情心的好契机。父母可以利用节假日鼓励男孩去边远山区及贫困地区生活几天，了解那里人们生活的艰苦，从而使男孩做出帮扶的举动。用零花钱给那里的孩子买一些学习用具，把自己不穿的衣服送给那里的孩子等，都是男孩表达爱心的方式。有了这样行动上的表达，男孩就能体会到帮助别人、关爱别人的满足和快乐，就会习惯做这样的事情。

3.教男孩体验别人的感受

肯为他人着想的男孩，都会有一颗善良的心和同情别人的心。华盛顿大学的斯托特兰德博士通过研究发现，鼓励男孩去体会别人的感受，或是设身处地为他人着想，会增强男孩的同情心，也会让男孩在不知不觉中成为一个心中充满爱的人。

有一个孩子，天生残疾，他走路的时候需要用两根拐杖支撑着身体。他每天上学的时候，都会受到坏孩子的嘲笑、欺负，于是，他渐渐变得自卑、孤独。

一天，这个孩子的父亲在雪地里捡回一只被冻僵的小狗，小狗趴在孩子的脚边，瑟瑟发抖。但孩子并不喜欢那只脏兮兮的小狗，他用拐杖把小狗赶了出去。小狗没有地方可去，就趴在门外面哀伤地嚎叫。

父亲听到了小狗的叫声，就知道发生了什么事。于是，父亲来到孩子的房里，与孩子攀谈起来。当他听说，孩子经常在学校被人欺负的时候，他说："那些孩子为什么要欺负你？"

孩子说："因为我的腿有残疾，我打不过他们，所以他们才敢欺负我。"

父亲说："他们很强，而你却很弱，所以他们才敢欺负你。可是现在，你很强，小狗却很弱，你为什么不同情它反而还欺负它呢？"

孩子听了父亲的话，低下了头，眼里含着泪水。过了一会儿，父亲看见孩子把小狗抱了回来，把它放在火炉旁边。孩子亲昵地抚摸着小狗，小狗用舌头舔着孩子的小手。

后来这个孩子成了一位著名的医生，受到了人们的尊敬和爱戴。

当他晚年的时候，他对他的孩子讲述了这个故事。他说，就是那只小狗让他感受到了爱的力量，是他的父亲使他拥有了人生中最宝贵的财富——同情心。

由此可见，让男孩学会体验别人的感受，这不仅能让男孩拥有一颗美好善良的心灵，更能让男孩具备良好的教养。

当男孩的言行可能伤害到别人，给别人带来烦恼的时候，父母可以抓住这个教育契机，告诉男孩要注意自己的言行，因为如果男孩自己有同样的遭遇，他也一样会受伤，会不高兴。父母通过这样的教育方式就会培养男孩照顾别人感受的自觉性，同时也会让男孩学会换位思考，从而懂得体谅别人、尊重别人。

谦虚不骄，男孩不断成长的保证

谦虚是一种美德，也是为人处世的一种方式。教育男孩学会谦虚，对男孩成长很关键。俗话说：谦虚使人进步，骄傲使人落后。这是亘古不变的真理。看看古今中外那些先哲伟人，即使取得了令人瞩目的成绩，也绝少有人因为自己具有足够资本而炫耀成绩的。相反，他们倒是非常谦虚的。

圣严法师说："谦恭不是一种表面姿态，而是一个人内在品德和修养的高度表现。"可见，有一颗谦恭的心，人就不会因学问渊博而骄傲自大，也不会因地位显赫而处优独尊。

爱因斯坦是20世纪最伟大的科学家之一，他的相对论以及他在物理学领域其他方面的研究成果，留给我们的是一笔取之不尽、用之不竭的财富。然而，就是他这样一个人，无论何时依然保持谦恭的态度。

有个年轻人去问爱因斯坦，说："您老可谓物理学界空前绝后的科学家了，何必还要孜孜不倦地学习呢？何不舒舒服服地休息呢？"爱因斯坦并没有立即回答他这个问题，而是找来一支笔、一张纸，在纸上画上一个大圆和一个小圆，对那位年轻人说："在目前情况下，物理学这个领域里可能是我比你懂得略多一些。正如你所知的是这个小圆，我所知的是这个大圆。然而物理学知识是无边无际的，对于小圆，它的周长小，即与未知领域的接触面小，感受到自己未知的少；

而大圆与外界接触的这一周长长，所以更感到自己未知的东西多，会更加努力地去探索。”

1929年3月14日是爱因斯坦50岁生日，全世界的报纸都发表了关于爱因斯坦的文章。在柏林爱因斯坦的住所中，爱因斯坦收到了好几篮子从全世界寄来的祝福信件。

然而，此时的爱因斯坦却不在自己的住所里，他在几天前就到郊外一个花匠的农舍里躲了起来。

爱因斯坦9岁的儿子问他：“爸爸，您为什么那样有名呢？”

爱因斯坦听了哈哈大笑，他对儿子说：“你看，甲虫在球面上爬行的时候，它并不知道它走的路是弯曲的。我呢，正相反，有幸觉察到了这一点。”

爱因斯坦就是这样一个谦虚的人，名声越大，他就越谦虚。

谦虚是人类的一种优良品质，无数成功的案例已经证明，只有谦虚的人才能做出伟大的成就。法国启蒙思想家孟德斯鸠也说过：“谦虚是不可缺少的品德。”谦虚能使一个人面对成功、荣誉时不骄傲，把荣誉和成功视为一种激励自己继续前进的力量，而不会让人陷在荣誉和成功的喜悦中不能自拔，把荣誉当成炫耀的工具，沾沾自喜于一得之功，不再进取。

人的生命是有限的，但知识是无穷的。谁也不能认为自己已经达到了学习的最高境界而停步不前、趾高气扬，如果那样的话原来落在后面的对手就会追上自己。所以谦虚不仅是良好的学习态度，更是为人处世的必要准则。

巴甫洛夫说过：“无论在什么时候，永远不要以为自己已经知道了一切。不管人们把你评价得多么高，你永远要有勇气对自己说：我是个一无所知的人。”一个人不管自己有多丰富的知识，取得了多大的成绩，或是有了何等显赫的地位，都要谦虚谨慎，不能自视过高。只有心胸宽广，博采众长的人，才能不断地丰富自己的知识，增强自己的本领，进而创造出更大的成绩。

谦虚是一种美德，但这种美德在现在的一些男孩身上很难发现。在生活中，有的男孩拥有了某些方面的特长，就觉得自己水平很高，从而骄傲起来；有的男孩考试成绩好，就瞧不起成绩差的同学，甚至觉得自己什么都比人家厉害。俗话说：谦受益，满招损。骄傲自大对男孩的成长很不利。因此，学会谦虚对男孩来说是非常重要的，否则会让男孩始终处在一种自大之中，甚至目中无人。

1.指导男孩谦虚做人

于淼是小学4年级的学生，学习成绩一直名列前茅，因此非常骄傲自大。在学校里，他处处都表现得非常“清高”，不太愿意和成绩不好的同学一起玩，觉得跟他们在一起实在没有什么意思。对于任课老师，于淼也不太尊敬，他总觉得老师的水平不过如此，自己通过自学也能够学到很多知识。

不过，于淼觉得最值得敬重的就是自己的爸爸了，因为爸爸常常会给于淼介绍一些学习方法，讲一些关于名人名言的故事。因此，他也非常喜欢和爸爸聊天，甚至会让爸爸看自己写的周记。

一天，爸爸发现于淼在一篇周记中表现出明显的骄傲情绪，也体现了他看不起同学的思想，还提到了与语文老师之间发生的争执，原因是语文老师批评于淼写作业不够仔细，而于淼觉得老师是有意找他麻烦。

到了第二天，于淼发现了爸爸写给他的纸条：“老师批评你，并不是因为看不起你，而是他希望你能进步。因为他明知不批评你，你不会怨恨他，批评你则会招来你的怨恨，但是，老师依然选择了批评你，原因就是他希望你进步，希望你谦虚。儿子，古语云‘满招损，谦受益’，爸爸也希望你能谦虚。”

于淼深受触动，从此以后，在爸爸的帮助下，他逐渐改掉了骄傲的毛病。

每个人取得良好的成绩之后，都会喜出望外，因此往往在不知不觉中，就显现了骄傲的情绪，男孩也是如此。当男孩产生了虚荣和骄傲自大的盲目心理时，父母要找准时机，耐心引导男孩，让男孩知道骄傲自满只能带来失败，并及时指导男孩谦虚做人。

2.让男孩学会正确对待别人的批评

小军不仅是一个学习成绩很好的孩子，而且还很自负，在学校根本不把老师和同学放在眼里。有一天老师批评了他，他回到家里一脸不高兴，还赌气地说：“当个老师有什么了不起的！我不去上学了！”妈妈问明了情况，告诉孩子：“老师批评你，并不是看不起你，而是希望你进步。当然我们知道批评你，你会不高兴，甚至还会怨恨我们，那为什么我们还是选择批评你呢？孩子，我们都是希望你能进步呀！老师也是这么希望的。”

在妈妈的教育下，小军向老师承认了错误，并慢慢改正了自负的毛病。

人都喜欢听表扬和赞美的话，男孩也是如此，往往也喜欢听表扬而反感批评。有的男孩一听别人的批评就不高兴，比如说他懒惰，指出他作业中的错误，他就翻脸不高兴，这是不谦虚的表现。谦虚的人敢于承认错误，勇于接受批评。父母要让男孩懂得谁都会有缺点，都可能犯错误，伟人也是一样，要引导男孩努力改正错误。

3.不要轻易地表扬男孩

父母对男孩过分的夸奖与肯定，很容易使男孩滋生骄傲情绪，认为自己是最优秀的。一旦这种骄傲情绪产生，再纠正就困难了。教育家卡尔·威特先生非常注重培养儿子谦虚的性格，并尽量避免别人轻易表扬他的儿子。因为他知道，孩子一旦滋长骄傲自满情绪，他的前途就毁了。

一次，一个久闻小威特擅长数学的督学官想考考他。按照惯例，威特先生要求对方答应自己的条件，即“不管考得怎样，绝不要表扬我儿子”。商量妥当后，威特先生就把儿子叫了进来，考试就开始了。

越考那位督学官越感到惊讶，因为每一题小威特都能用两三种解法去完成，也能按他的要求去解题。这样他就不由自主地想要赞扬小威特了。威特先生赶紧给他递眼色，他这才住了口。

考着考着问题就进入了学问的深层，并最终到了督学官所不熟悉的领域。这时，他不由自主地叫了起来：“哎呀！小威特真是超过了许多学者！”

威特先生想，这下坏了，就立即泼冷水：“哪里，哪里，由于这半年儿子在学校里听数学课，所以还记得。”督学官还不死心，又对小威特说：“你再看看这道题，这道题专家考虑了三天才好不容易做出来。如果你能做出来，那就更了不起了。”

可是，没过多久，小威特就做出来了。这时督学官有些不高兴地说：“你事先知道这道题吧？”小威特一听感到很委屈，含着眼泪反复声明自己不知道。

这时督学官说：“如果事先没见过这道题却能这么快得到答案，你就胜过欧拉这个大数学家了。”威特先生掐了一下他的手，立即说：“瞎鸟有时也能捡到豆，这也是偶然的。”

督学官这才领会到威特先生的意图，点着头说：“是的，是的。”然后附耳小声对威特先生说：“哎呀！我真佩服你的教育方法。这样的教育，不管你儿子以后有多大的学问也绝不会骄傲。”

心理学家认为，生活中男孩骄傲、自负心理的形成与父母有着很大的关系。很多父母在教育男孩的时候总是轻易地和过多地对男孩进行表扬。不可否认，表扬在一定程度上能够起到激励及支持男孩的作用，但是表扬多了，就会起到反作用。尤其是对一些比较优秀的男孩来说，表扬过多往往会导致男孩产生骄傲自满的心理。父母在表扬男孩的时候要注重表扬男孩的某种行为，不要表扬男孩本身——这是表扬的一个技巧。

见义勇为，做一个有正义感的男孩

在西方的文化传统中，中世纪的骑士精神对现代欧洲民族性格的塑造起着极其重大的影响，它构成了欧洲民族中所谓的“绅士精神”。骑士肩负着除恶扬善、伸张正义的使命，骑士虽然是效忠于领主或王室，但正义才应该是他们行为的准则。他们不为自己谋私利，富有正义感，心系不幸者，抗议并纠正社会上的不公。

遗憾的是，在当今社会这种敢于伸张正义的骑士精神几乎已经看不到了，反而出现了一种奇怪的现象：有人摔倒了，很多人过来看热闹，可就是没人去将摔倒的人扶起来；看到地上有个皮包，很多人也只是把它占为己有，没人去询问是谁的包；看到以强欺弱的现象，也没人敢去制止……这种现象真是数不胜数。说白了，原因就是现在的人缺乏正义感，人们的正义感正在慢慢沉睡。

正义是人类良知的“声音”，社会需要正义，正义可以迟到，但绝不能缺席。孔子曾说：“见义不为，无勇也。”就是说，当人看到合乎道义，值得去做的事就要去做，如果不愿意去做，就谈不上有什么正义之心和社会责任感。如果人人都信奉事不关己、高高挂起的处世哲学，对不义、不良、不法行为袖手旁观，无动于衷，就会损人害己、助纣为虐。如果人人都怕惹事，都不愿管闲事，正义又怎么能压倒邪气？

德国牧师马丁·尼穆勒曾如此形容人们见到纳粹施虐时的旁观心态：“刚开始他们来抓共产党员，我没有站出来说话，因为我不是共产党员；接着他们又来抓社会党人和工会会员，我没有出来说话，因为我两者都不是；后来他们来抓犹太人，我还是没有出来说话，因为我不是犹太人；最后当他们来抓我的时候，已经没人能站出来为我说话了。”

冷漠是可怕的态度。在一些人眼里，正义根本不值一提，自己的利益才是最为实际和根本的考虑内容。也有人会心存疑虑，因为捍卫正义，就必须付出相应的代价：有时是钱财，有时是尊严，有时甚至是生命。但真正有正义感的人，在坚定自己的信念后，会毫不犹豫地走下去。

1993年8月17日，身为军人的徐洪刚从家乡返回部队。当他乘坐的大客车行至四川省筠连县巡司镇铁索桥附近时，车内的几名歹徒突然向一名青年妇女强行勒索钱物。当被拒绝后，歹徒一边对妇女耍流氓，一边把她往疾驶中的车外推。此刻，在角落里打盹儿的徐洪刚被惊醒了。见此情况，徐洪刚冲上去，大吼一声：“住手，不许这样耍横！”

歹徒看到有人干预，气焰更加嚣张，继续把那位妇女往外推。徐洪刚一脚把后面的一个歹徒踢得不停地后退，又狠狠一拳打在另一个歹徒胸口上。不料，从后面又窜出两个歹徒，一个抱住徐洪刚的腿，一个死死地卡住他的脖子。最先挑衅的那个姓任的歹徒掏出匕首，向徐洪刚胸口猛刺一刀。在这生死关头，徐洪刚只有一个念头：和他们拼了！狭窄的车厢里，由于徐洪刚拳脚施展不开，四名歹徒把他团团围住，穷凶极恶地挥刀猛刺徐洪刚的胸、背、腹…… 鲜血染红了他身上的迷彩服，也染红了座椅、地板。肠子从受重伤的腹部流出。司机把车刹住，歹徒纷纷逃窜。此时，身中14刀，肠子流出体外长达50厘米的徐洪刚，奇迹般地用背心兜住往外流的肠子，紧跟着跳下车来，用全部的力气往前追出了50多米，然后一头栽倒在路旁。英雄救人民，人民爱英雄。每天成百上千的人前往医院探视徐洪刚，县公安局出动精锐队伍，在很短时间内将四名罪犯全部抓获归案。

见义勇为的英雄战士徐洪刚，在人民生命财产受到严重威胁的关键时刻，置个人生死于不顾，挺身而出，同犯罪分子进行面对面的斗争，用鲜血谱写了一曲军民共建社会主义精神文明的时代正气歌。

这件事告诉我们，分清是非，心怀正义，与不良现象做斗争，是社会对每个公民的基本要求。当非正义的事情发生在别人身上时，一个有正义感的人会见义勇为，伸张正义。

正义感是一种社会责任感，是一种高尚的情操和优良的品德，体现了人们崇尚正义、追求公平的美好愿望。《墨子·天志》中说：“义者，正也。”可见，义就是人要做应该做的事，坚持正确的道路和原则。具有正义感的人，会锄奸扶弱，打抱不平。

王丽娜是某中学初二年级的女生，她学习好，待人热情，集体的事也很关心。按理说，这样的同学应该得到大家的尊重和信任。但班上有个别女生也许是出于嫉妒心理，到处讲她的坏话，想方设法孤立她，有部分女生不明真相，真的就很少和她往来了。班上一位男生刘翔很为王丽娜打抱不平，就公然站出来，主动和她说话来往。刘翔同学虽然为了扶正压邪挨了同学不少讽刺、挖苦，但他态度坚定，寸步不让。日久见人心，先是班上的男生信服了，接着部分女生也明白过来了。大家一起为王丽娜说话，终于王丽娜同学又得到了全班同学的尊重，那位孤立别人的女同学也承认了自己的错误。有的同学开玩笑地问刘翔："你那么关心她，是不是对她真的有什么更深的感情？"刘翔坦然地说："班级的正气要我们大家维持，我不能袖手旁观让歪风邪气压倒正气。"

崇尚正义是传统美德，也是做人的根本。无论我们走到哪里，遇到什么困难，我们都要牢记：正义感是人良知的表现，所有善良的人们都具有正义感。只有那些人格扭曲、败坏的人才缺少良知，因而也就丧失了正义感。

时代呼唤人们见义勇为，社会需要人们见义勇为。见义勇为，匡扶正义，需要我们每一个人的实际行动和积极参与。所以，父母要培养男孩的正义感。

通常，人正义感的养成在儿童时期基本可以定型，特别是在5～14岁的年龄段，这时候我们必须教给男孩明确的是非观念，让他们懂得分辨是非，并对那些错误的行为产生明显的排斥或是鄙视行为。如何培养出一个具有正义感的男孩，这当然和社会风气有关联，但是更重要的是家庭和父母的影响。

1.做男孩的榜样

俗话说："己不正，何以正人？"父母要从自己做起，加强自身的道德修养，做一个有正义感的人。父母要让自己的一言一行都成为男孩学习的榜样。

在小区公园里，有很多小朋友在一起玩，却只有一个穿着脏衣服的孩子，在一边看着大家玩，并表现出想跟大家玩的动作，但是都被周围的孩子拒绝了。这时，有一位家长立刻把自己的孩子叫了回来，严厉批评了他，要求他和这位穿脏衣服的孩子一起玩，并把这名孩子带到孩子们中间，让大家带他一起玩。原来，这名穿着脏衣服的孩子是社区帮扶的对象，家里很穷，由于十分自卑，都不敢和孩子们一起玩。但是这位家长却给自家的孩子上了一堂课，用行动证明了不管对方是谁，都应该平等对待。

有什么样的父母就有什么样的孩子。如果父母想自己的儿子拥有正义感，父母首先需要有正义感。父母是孩子的启蒙老师，父母的一言一行、一举一动对培养男孩的正义感有潜移默化的影响。

2.让男孩明辨是非黑白

培养男孩的正义感，首先要让男孩分清是非。有很多人是有正义感的，并且心地善良，疾恶如仇，但由于辨别是非的能力比较弱，往往在一些具体的事情上搞不清谁对谁错。有的人好心办坏事；有的人做错了事，还不知道错在哪里，懵懵懂懂；有的人触犯了法律还以为做了好事，当警察把手铐戴上他的双手时才如梦初醒。提高男孩辨别是非的能力最基本的一条就是要让男孩加强学习，特别是要加强对基本法律法规和道德规范的学习，让男孩知道哪些是社会提倡的，哪些是社会反对的，哪些是可以做的，哪些是不可以做的。父母可以和孩子一起看一些时事新闻，特别是有关治安和青少年问题的典型个案新闻，并和男孩一起讨论，诱导男孩分析个案的正、反两方面。例如，父母和男孩一起看警察抓小偷的新闻时，让男孩思考：小偷偷别人的东西对不对？警察抓小偷是为了什么？由于新闻是真实的个案，男孩透过自己的思考和分析，对善恶的认识会特别深刻，无形中也就增强了男孩的正义感。

3.保护男孩的正义感

教育家苏霍姆林斯基曾经说过，我们要在孩子还处于儿童的时期内，就给他们塑造十分明确的是非对错的观念，让大家一起去谴责那种错误的行为，让大家一起来维持绝对的正义。

故事一：

有一次，林林放学坐公交车回家，他发现车上有个阿姨正在嗑瓜子，而且直接把瓜子壳扔在了车厢里。充满了正义感的林林毫不犹豫地走上前说："阿姨，您这样做是不对的，不能把瓜子壳扔在车厢里，这样很不卫生。"

结果，令林林意想不到的一幕发生了，这位阿姨非但没有接受他的建议，反而破口大骂："要你个小孩多管闲事！……"一系列难听的话让林林一下子就愣住了，而整个车厢里没有一个人帮他说话。

于是，林林困惑了，他在自己的日记里这样写道："老师不是教育我们在公共场所不能随地乱扔果皮纸屑吗？"

故事二：

小董是小学三年级的学生。一天，小董放学回家，看到一个穿黑T恤的男子正往墙上贴"牛皮癣"广告，小董冲上去跟在后面撕。"黑T恤"看"闹事的"是个孩子，黑着脸吼："你想搞什么事，再撕打死你。"小董本能地后退了几步。

周围路人见"黑T恤"抖狠，纷纷声援小董，还有人拿出电话要拨打110。小董说话底气顿时足了："你这样做是不对的，你贴一张我就撕一张！""黑T恤"灰溜溜地跑开了。

从上面两个故事可以看出，孩子的正义感是需要成人保护的，当男孩与非正义做斗争时，如果没有得到应有的支持，而是被吓住了，那么孩子再遇到这种事就会失掉正义感和勇气。所以，请不要挫伤男孩的正义感，当男孩做出正义的行为时，我们要给予积极的帮助和支持。

爱心，给男孩一颗水晶般的心

爱是人世间最珍贵的感情。爱心是人类最美好的品质，它是人性的基础。一个没有爱心的人，就是一个冷漠的人，一个与社会脱节的人。

100多年前，在“泰坦尼克号”即将沉没之际，由于船上人多而救生艇不足，许多富翁和贵族人士纷纷主动让出逃生机会，坚持让妇女儿童先上救生艇。一位富翁为此留下遗言：“我决不会让妇女儿童先我而死，我要死得像一个男子汉！”

这就是人间一种无私的大爱和博爱，这就是危难时刻人性光辉的迸发和彰显！

“爱心”是人道主义的核心，是人类最高贵、最纯朴、最真挚的感情之一，是人类社会向前发展的最根本原因。从古至今，有一颗善良友爱的心一直是人们所推崇的。

他是个9岁的孩子，自出生起就在孤儿院里长大，他一直想找到自己的妈妈。

有天傍晚，孩子在河畔发现一个昏倒在地的男人。孩子给医院打了急救电话，将这个昏倒的男人抢救过来，这个男人原来是电视台有名的节目主持人。

主持人万分感激，要给孩子很多钱并供他读书，孩子拒绝了，只要求他力所能及地帮助10个人，然后再让那10个人帮助另外10个人。主持人很好奇地问为什么。

孩子红着脸，犹豫着说出了自己的想法，他说，如果自己帮助10个人，然后请受帮助的人再帮助另外10个人，以这样的方式传递爱心，也许终有一天，受帮助的那些人中就会有自己的妈妈。

主持人被孩子既天真又深沉的爱震撼了，他在当天的电视节目直播时讲述了孩子的故事，很多现场观众热泪盈眶，纷纷表示愿意做那10个人中的一个。

然而，谁也没想到不幸会突然降临在孩子的身上。有一天，孩子被一群小流氓拦住了，小流氓们在孩子身上没搜到钱，气急败坏地捅了孩子几刀。孩子的腹部中刀，肝脏被刺破，倒在血泊中，直到两小时后才被巡逻的警察发现并送到医院。昏迷中的孩子，一直喃喃地呼喊："妈妈，妈妈……"

孩子的安危揪紧了全市人民的心。电视台24小时关注着孩子的病情，所有关心孩子的人都在祈祷，希望他能苏醒。几十个大学生来到广场，手挽手连成心的形状，他们日夜大声呼喊："妈妈，你在哪里？"

电视台两小时内接到几百位母亲的电话，她们都表达了最诚挚最迫切的心声：让我做孩子的妈妈吧！

两天后，孩子永远地离开了这个世界。离开时他的小脸上挂着幸福的微笑，因为他终于握住了妈妈的手。在场的所有医护人员都哭了，电视机前的观众哭了，整个城市的母亲们哭了。

从那以后，昔日冷漠的人们变得有人情味了。孤儿院的孤儿纷纷被领养，敬老院的许多老人被子女接回了家，每个人都懂得了对亲情，对爱的珍惜。

这不是为教育人而编的故事，它真实地发生在德国的莱茵河畔，这个孩子叫德比。因为他，整个德国掀起了“10件好事”的热潮。

献爱心，是人性中最美丽、最暖人的一缕光辉。没有爱心，没有人与人之间发自肺腑的关爱，就不可能有人类的进步。拥有爱心不仅会使世界变得更美好，而且也会更有助于人身心健康的发展。

献爱心不是有钱人的行为，人人都能做，只要你愿意付出你的爱心。曾经有人做过这么一项调查：今天的孩子缺什么？调查结果中受访者一致认同的一项就是缺少爱心。很多孩子从一出生开始，就由好几个大人围着他一个人转。家里所有好吃的、好用的、好玩的，都是他们优先享用；生活被照顾得尽善尽美；需要做的一切都被大人完全包办代替了。长此下去他们就失去了爱心，形成了一种习惯——“人人都要为我”“唯我独尊”，而且视之为理所当然的事情，最终几乎成了他们的天性。

作为父母，看到这样的结论，不得不感到痛心。痛心之余，我们也应该做一些反思。古人说：“人之初，性本善。”其实并不是孩子生来就缺少爱心，而是由于父母对孩子的溺爱，不注意教育方式等，把孩子的爱心在不经意间给剥夺了。所以，父母一定要对孩子进行“爱”的熏陶和教育，培养其懂得“爱”的高尚情操，培养孩子的博爱之心。

冰心曾经说：“有了爱就有了一切。”爱是美好品德的核心，是人类最伟大高尚的情感之一。对于孩子，父母不但要为他们创设一个被爱的环境，更重要的是要让他们学会如何去爱别人。只有在“爱”与“被爱”的双重环境下，我们的下一代才可能健康地成长起来。

爱心的产生，是基于个体的社会情感需要，它不是人与生俱来的品质，而是在后天的环境和教育的熏陶下逐渐形成的习惯性心理倾向，必须在童年时细心培养。所以，父母平时应注重对男孩一点一滴的培养，一言一行的引导，在平时生活中关注男孩，培养男孩的爱心。那仁慈博大的爱心，就会在男孩心头扎下根，并会随着男孩的成长而不断扩展和升腾。

1.呵护男孩的爱心

当男孩爱心萌动的时候，请父母给予鼓励、引导，这是父母培养男孩的爱心首先要做到的。卢勤老师说："孩子的爱心是稚嫩的，你在乎它，它就会长大；你忽视它，它就会枯萎；你打击它，它就会死去。"如果你想拥有一个富有爱心的孩子，那就请你在生活中培养、呵护他的爱心吧。苏联教育家苏霍姆林斯基的"三朵玫瑰花"的故事给了我们很多启示。

苏霍姆林斯基当校长的时候，学校的花园里开出了一朵极大的玫瑰花，全校的学生都感到非常惊讶，每天都有许多人前来观赏。一天早晨，苏霍姆林斯基在花园里散步时，发现一个4岁大的小男孩已经摘下了那朵玫瑰花，正拿在手里欢快地往外走。

苏霍姆林斯基看到了，没有去批评小男孩，而是蹲下身子，亲切地问道："孩子，你摘这朵花是送给谁呀？能告诉我吗？"小男孩有点羞怯地说："我奶奶病得很重，我每天都陪着她说话。我告诉她校园里有一朵非常大的玫瑰花，奶奶就是不相信，我现在摘下来给她看看，看过了我就把它送回来。"听了小男孩天真的回答，看着小男孩纯朴的小脸，苏霍姆林斯基心里很感动。他牵着小男孩的手又回到了花园里，摘下两朵大的玫瑰花对他说："一朵是奖给你的，因为你有充满爱的心灵；另一朵是送给你奶奶的，感谢她养育了你这样好的孩子。"

苏霍姆林斯基不愧为教育家。后来，他对老师们谈起这件事的时候解释说："批评一个孩子所犯的错误很容易，可是，要呵护和培养一个孩子的爱心却不是一件容易的事啊！因为在孩子成长的过程中，他的爱心会慢慢地融化或吸纳他的错误，可批评和处罚可能毁掉孩子的爱心。”

男孩的爱心是稚嫩的，需要保护的。面对男孩的爱心，即使是那样的微不足道，我们都应该欣然接受、细心呵护，给予及时的表扬和肯定，让男孩在一份爱的环境里成长，更有助于男孩拥有一种积极健康的心态。

2.有爱心的行为从爱护小动物开始

苏霍姆林斯基说：“从一个孩子如何对待鸟、花和树木的态度，可以看出他的道德水准。”有调查表明，在日常生活中，爱护小动物的男孩，绝大多数都具有爱心；而残忍对待小动物的男孩，均具有强烈的攻击性，缺乏爱心。所以，父母对男孩进行爱心教育，可以从指导男孩爱护身边的花草鱼虫开始，让男孩懂得珍惜生命，让男孩在亲自照料动植物的过程中，学会体贴入微地亲近生命。这种“实物教学”往往会收到良好的教育效果。

小明的妈妈是一个非常有爱心的人，她会用自己的切身行动教育孩子要有爱心。有一次，一只受伤的麻雀落到小明家的院子里，身上湿淋淋的，奄奄一息，一副楚楚可怜的样子。妈妈小心地把麻雀用手捧起来，擦干它身上的水，把它放到干燥的阳台上，给它端了一小碗水，撒上一些米粒，让它在温暖的屋里有吃有喝，不挨冻受饿。后来，麻雀有精神了，妈妈就把它放飞了。小明目睹了这一切，他小小的心灵也受到了感染，对爱心的理解潜移默化地渗透到了他的心里。

爱护动物，看似是小事，其实，这是培养男孩爱心的一个最朴素和最有效的办法，父母必须要抓住这个契机，让男孩知道怎么样亲近自然、亲近生活以及亲近人类的朋友。在家庭条件允许的情况下，父母可以在家中养一些小动物，让男孩饲养，或者是养一些植物，让男孩来浇灌。在这个过程中，父母可以培养男孩对生命的尊重，并间接地培养男孩的爱心。

3.给孩子提供奉献爱心的机会

孩子的爱心并不是无端地自己形成的，有时候需要父母提供一些机会来让孩子散发出爱心的光芒。例如，通过捐款活动、当志愿者等，让孩子们通过帮助他人，明白互助是表现爱心的一种方式。这些不同的活动形式都为培养男孩的爱心提供了教育的机会。

春节期间，某市有很多志愿者父母带着孩子来到一个村子，给服刑人员的孩子送去了礼物和爱心。有的父母去之前就跟孩子说："那里的孩子更需要关怀和帮助，我们一定要给他们带去我们的礼物和新年诚挚的祝福。"

正因为有这么多有爱心的人来关心这个村子里的孩子，村里充满了欢声笑语。很多志愿者的孩子都与村里的孩子们玩着游戏，丢沙包、跳绳、拔河，大家脸上都洋溢着欢乐的笑容。村中孩子们的宿舍里，摆着志愿者为他们带来的各式各样的春节礼物。

"这些玩具我都玩不上了，可以送给那些比我还小的弟弟妹妹们。"有一位志愿者的孩子这样说，"春节前，我和爸爸妈妈通过收看电视节目了解到这个村里小朋友的情况后，知道许多像我一样大的孩子不能和父母在一起过年，便想在春节期间来看望这些小朋友，于是找出一些自己的玩具以及用不着的文具，准备送给他们当春节礼物。"

"相比之下，带孩子出去玩和来这里，我认为还是后者更有意义。"一位志愿者说。负责接待志愿者的老师也说："这几天放弃休闲的机会，到这个村子做志愿者或来献爱心的人有很多。很多都是一家三口一起来的，他们给孩子们送来不少生活用品和小礼物。我想，通过这种活动，这些志愿者也给自己的孩子上了一堂生动的爱心教育课！”

在对男孩进行爱心教育时，父母要给男孩提供一些实践的机会和条件，爱只有落实到具体的事情和人身上，男孩才能得到及时的加强和反馈，感觉到快乐和幸福，才能巩固爱的行为，丰富爱的感情。父母在给男孩创造表达爱的机会和条件时，对男孩的助人行为和同情心等爱的表现，应该给予及时的鼓励，使他们感受到献爱心的快乐。

不张扬，从小做一个低调的男孩

俗话说：“地低成海，人低成王。”低调是做人的一种品格和作风，更是一种思想和人生的哲学。有这样一副对联，写得十分有趣，可以说是道出了低调做人的真谛。上联是：做杂事兼杂学当杂家杂七杂八尤有趣；下联是：先爬行后爬坡再爬山爬来爬去终登顶；横批是：低调做人。高山不言是一种稳重，大地无语是一种内涵，大海低调是一片宽广，松竹低调是一种坚韧，蓝天沉静是一种力量，月亮低调是一片皎洁，梅兰低调是一种傲骨，做人低调是一种睿智。

然而，在如今这个崇尚个性张扬、自我的时代里，很多人认为只有高调做事，才能展示自己的才能和魅力，获得他人的关注，赢得良好的口碑。但事实上，过于张扬，招摇于市，高调行事的人，非但不能如愿以偿，反而惹人嫉恨，遭到诋毁和攻击，使自己的人生和事业蒙受挫折和损失。

英国大文豪萧伯纳出名后赢得了很多人的尊敬和仰慕，但是年轻时的他特别喜欢崭露锋芒，说话也尖酸刻薄，谁要是跟他说话，便会有受到奚落之感。一天，一位老朋友私下对他说："你说话幽默、风趣，但是大家都觉得，如果你不在场，他们会更快乐。因为他们比不上你，有你在，大家便不敢开口了。你的才干确实比他们略胜一筹，但这么一来，朋友将逐渐远离你，这对你又有什么益处呢？"老朋友的话使萧伯纳如梦初醒，他感到如果不收敛锋芒，彻底改过，社会将不再接纳他，又何止是失去朋友呢？所以他立下誓言，从此以后再也不讲尖酸的话了，要把才干发挥在文学创作上。这一转变不仅奠定了他后来在文坛上的地位，同时也使他广受各国读者的敬仰。

一个人不管取得了多大的成功，不管名有多显，位有多高，钱有多丰，也要学会不露声色。张扬和显示自己，那只是肤浅的行为，只会让自己陷入尴尬的境地。

低调是一种心态。人生而平等，不管我们来到这个世上，我们拥有多少丰厚的条件，都不能骄傲！在这无垠的世界上，我们要用一颗平凡的心与别人相处。诚然，通过我们的努力，哪天我们得到了荣誉、地位，我们也不能把自己看得高高在上，也应该用一种低调的心态与别人相处，只有这样我们才能真正让别人佩服。

在一个既脏又乱的候车室里，靠门的座位上坐着一个满脸疲惫的老人，身上的尘土及鞋上的污泥表明他走了很长的路。列车进站，开始检票了，老人不急不忙地站起来，准备往检票口走。忽然，候车室外走来了一个胖太太，她提着一只很大的箱子，显然也要赶这班列车。可箱子太重，累得她气喘吁吁。胖太太看到了那个老人，冲他大喊：“喂！老头，你给我提一下箱子，我一会儿给你小费。”那个老人想都没想，拎过箱子就和胖太太朝检票口走去。

他们刚刚检票上车，火车就开动了。胖太太抹了一把汗，庆幸地说：“还真多亏你，不然我非误车不可。”说着，她掏出一美元递给老人，老人微笑地接过。这时，列车长走了过来对老人说：“洛克菲勒先生，你好，欢迎您乘坐本次列车。请问我能为您做点什么吗？”

“谢谢，不用了，亲爱的列车长。我只是刚刚结束了为期三天的徒步旅行，现在我要回纽约总部。”老人客气地回答。

“什么？洛克菲勒！”胖太太惊叫起来，“上帝，我竟让著名的石油大王洛克菲勒先生给我提箱子，居然还给了他一美元小费！我这都干了些什么！”她忙向洛克菲勒道歉，并惶恐地请洛克菲勒把那一美元小费退给她。

“太太，你不必道歉，你根本没有做错什么。”洛克菲勒微笑着说道，“这一美元是我挣的，所以我收下了。”说着，洛克菲勒把那一美元郑重地放进了口袋。

由此可见，保持低调，是一个人有修养的表现，是我们每个人应该持有的生活态度。为人低调并非是妥协、退让、懦弱，而是一种智慧，一种远见，是一种对人的尊重。

低调，能让我们卸掉一身的华丽，归于平凡，好好做人；也能够让我们抛去内心的虚荣，做回真实的自己。

过分张扬对任何人都是没有好处的。现如今的孩子，特别是一些富二代、官二代，都喜欢炫耀自己，从而把自己推向一个极端，以一种高傲的姿态来对待身边的人或事，这样做最终受伤的还是自己。

其实，“不张扬”才是一种自我保护的方式，也是一种人格魅力。生活中，父母要让男孩以平常心做人，以进取心做事。即使你家庭显赫，满腹才华，能力比别人强，也要学会低调做人。“示人以弱”乃生存竞争的大谋略，低姿态是收服人心的资本。

在生活中，如何让男孩不要给自己招引麻烦，结合自己的实际情况，掌握做人做事的准则，这是值得父母深思的问题。

1.让男孩张扬美德

徐虎期末考试取得了双百分，他见了谁都炫耀自己的成绩。一开始亲戚朋友还夸奖徐虎几句，小朋友对徐虎也十分羡慕，后来听徐虎说多了，个个都皱起了眉头，说徐虎太张扬，不知道谦虚做人，徐虎因此很伤心。妈妈告诉徐虎说：“做人要低调谦虚，不能取得一点小成绩就到处炫耀。”同时妈妈还告诉他“天外有天，人外有人”的道理。徐虎听妈妈说完，以后再也不拿自己的成绩到处吹嘘炫耀了。

现在很多父母的教育观念发生了改变，他们不再强求孩子做一个“乖孩子”，给了孩子很大的自由空间，不压抑他的个性发展。父母对孩子张扬个性的培养没有错，但是父母在教育孩子时要把握好一个度。要知道，孩子的个性过分张扬，时刻以自我为中心，难以很好地融入社会。所以，父母必须给男孩框定一个范围，告诉孩子什么该做什么不该做，而且孩子更应该“张扬”的是谦虚、自爱、尊重别人这些美德。

2.帮男孩克服攀比炫富心理

小强快要过生日了，这天，一回家就冲妈妈喊：“妈妈，您打算怎么给我过生日啊？我们同学过生日的时候，就看谁最气派，花钱最多，请的朋友最多，去的饭店最好。”

妈妈听了小强的话稍微有点不快，但还是耐心地问：“孩子，你想要什么礼物啊？”

小强说：“现在很多同学家里都有电脑，大家没事就经常在一起比赛，看谁的电子游戏玩技高，谁的电子游戏得分高；还比谁懂的网络知识多，谁认识的网友多。我们班里很多同学会上网，大家经常交流谁知道更多更好的网站，我连一句也插不进去。要不这样，您今年就不用请我们同学去饭店吃饭了，给我买个电脑吧，妈妈！”

妈妈说：“孩子，你渴望接受新鲜事物的心情妈妈很理解，电脑也不是不可以买。但如果你买电脑是因为想跟同学攀比，看谁家有钱，妈妈坚决不答应。”

“炫富”是一种用较为张扬和浮夸的方式来炫耀个人财富的行为，男孩的年龄尚小，认知能力比较差，并没有建立起自己评价事物的标准，加上受到社会上一些不良风气的影响，容易导致其产生炫富和攀比心理。男孩一旦有了这种心理，就会助长贪婪的欲望和极强的虚荣心，产生畸形的消费观、人生观和价值观，还会给他们将来的就业、生活带来种种负面的影响，甚至会使他们走上歪路。所以，对于男孩的不良消费观念，父母要善于引导、纠正，让他们养成科学、适度的消费习惯与勤俭、朴素的好品质。

培养男孩的责任感，让他有大担当

所谓责任，是指个人对自己和他人、对家庭和集体、对国家和社会所负责任的认识、情感和信念，以及与之相应的遵守规范和履行义务的自觉态度。

责任是一种与生俱来的使命，它伴随着每一个生命的始终，我们从有认知开始就有很多责任。我们不仅要对自己负责，还要对别人负责，对集体负责，对社会负责，对国家负责。

一位名人在电视栏目《实话实说》中讲述了一个令人感慨的故事。他到瑞士访问的时候，在一个洗手间，听到隔壁小间里一直有一种奇怪的响声。由于响声持续时间过长，而且也过于奇怪，因此不知不觉中吸引了他，在好奇心的驱使下，他通过小门的缝隙向里探望。这一看使他惊叹不已：小间里一个只有七八岁的小男孩正在修理马桶的冲水装置。他一问才知道，这个小男孩上完厕所以后，因为冲水装置出了问题，没能把脏东西冲下去，因此他就一个人蹲在那里，千方百计地想修复那个冲水装置，而他的父母当时并不在他的身边。

这件事令这位名人非常感慨。多么了不起的孩子啊！虽然他仅是一个七八岁的孩子，但竟然有如此强烈的责任感。

其实，人生的意义就在于每个人都要承担一定的责任，清醒地意识到自己的责任，并勇敢地扛起它，无论对于自己还是对于社会都将是问心无愧的。作家穆尼尔·纳素曾经说过：“责任心就是关心别人，关心整个社会。有了责任心，生活就有了真正的含义和灵魂。这就是考验，是对文明的至诚。它表现在对整体，对个人的关怀。这就是爱，就是主动。”人可以不伟大，人也可以清贫，但人不可以没有责任心。任何时候，我们都不能放弃肩上的责任，扛着它，就是扛着自己生命的信念。

责任是一个人立足社会，获得事业成功至关重要的人格品质。现在许多父母过多地注重孩子智力和身体的发展，对孩子责任心的培养却不大重视，这对孩子的成长成才十分不利。

美国品德教育联合会主席麦克唐纳曾说："能力不足，责任可补；责任不够，能力无法补；能力有限，责任无限。"对男孩进行责任意识和责任感的教育就是让男孩学会对自己负责，对他人负责，从而对社会负责。

1922年7月4日（美国国庆节）前夕，一个11岁的小男孩通过某种渠道得到了一些禁止燃放的爆竹，其中包括威力很大的爆竹。下午，他来到罗克河大桥旁，背靠桥边一堵砖墙甩响了一只爆竹。他正在扬扬得意时，一辆汽车驶过来，司机命令他上车。

"爸妈教导我不要上陌生人的车！"小男孩拒绝道。直到司机亮出了警徽，他才听命上车。

到了警察所，他被带去见所长，他认识那位所长，这位所长经常和自己的父亲一起玩纸牌游戏。当然他希望得到宽大处理，但所长马上给他父亲打电话，把他的劣迹告诉了他的父亲。不论交情如何，父亲必须付12.5美元的罚金，这在当时可是一笔数目不小的钱。所长严格执行了禁放爆竹的规定。

事后，父亲知道了事情的原委，但父亲并没有因为他年龄小而轻易原谅他，而是板着脸深思半天不发一言。母亲在旁"开导"，父亲只冷冰冰地对孩子说："家里有钱，但是这回不能给你，你应该对自己的过失负责。这12.5美元是我暂借给你的，一年以后必须还我。"这件事迫使小男孩到处打零工偿还他欠父亲的债。

为了还父亲的债，他边刻苦读书，边抽空辛勤打工挣钱。由于人小力单，重活做不得，男孩便到餐馆洗盘刷碗或捡破烂，经过半年多的努力，小男孩终于挣足了12.5美元，自豪地交到父亲的手里。父亲欣慰地拍着他的肩膀说："一个能为自己过失负责的人，将来是有出息的。"

后来那个小男孩参加总统竞选，并成功当选，他就是罗纳德·里根。里根在回忆这件事时说：通过自己的劳动来弥补过失，使他懂得了什么叫责任。

培养男孩的责任心，也就是应当要求男孩勇于对自己的言行负责。不论男孩有什么样的过失，只要他具备承担责任的能力，就要勇敢面对，不能让他逃避和推卸责任，更不能由大人代替他承担过失。

拥有责任心是男孩人格健全的基础，是能力发展的催化剂。只有具备一定的责任感，人才能自觉勤奋地学习和工作，做各种有益的事情，掌握各种技能。父母必须从小培养男孩责任感，以便其长大后能尽快适应社会，能照顾家庭，完成本职工作，尽自己的义务，从而成为优秀人才。在大力提倡素质教育的今天，父母应用自己的爱心、耐心和智慧去培养男孩的责任心。

1．多给男孩承担责任的机会

孩子是在实践中长大的，多让男孩承担一些责任，是培养男孩责任感的最佳途径。在男孩成长的过程中，父母要适时给男孩加担子，使其明确他所要承担的责任。

有一位母亲要带12岁的儿子去游乐场，出家门的时候，父亲嘱咐："儿子，你已经是一个小男子汉了，替爸爸照顾好妈妈，记得把妈妈带回家呀。"一路上，儿子一直紧紧牵着妈妈的手，还时不时地问妈妈是否口渴。他认为，他的责任就是要把妈妈照顾好，把妈妈平安带回家。

孩子的责任感只有在反复的实践中才能逐步形成。因此，父母要给男孩机会，让他对家庭、家人承担一些责任。在生活中，父母要敢于对男孩委以"重任"，让男孩感到自己在家中的重要性。父母别总是认为孩子还很小，凡事做不了，做不好，每一个小的细节，父母都不应放过，更不能怀着“大事化小，小事化了”的心态。对于男孩力所能及的事，父母应创造条件有意识地锻炼他，让他学着负责任。只有父母多为男孩提供实践的机会，男孩才能逐渐提高自身的责任意识，男孩通过实践就会得到宝贵的心理体验，这样的心理体验多了，男孩的责任意识自然就得到强化和提高。

2.让孩子对自己的言行负责

著名教育家茨格拉夫人说过：“必须教育孩子懂得他们的一举一动能产生的后果，那么随着时间的推移，孩子们一定会变得很有责任感的。”在教育男孩时，父母一定要让男孩明白：每个人都应该为自己的行为负责，不管结果是好是坏都要承担，责无旁贷。

有一位企业家开车送儿子上学，到了学校门口，儿子却坐在车里哭着不下车，央求父亲陪着他进教室。原来，儿子没有完成作业，怕老师批评。儿子想的是，爸爸是很有名气的企业家，看在爸爸的面子上，老师也许就不会批评自己了。这位父亲给儿子两个选择：一是自己进教室，另一个就是立即回家。他说：“要知道，你今天不想面对的事情，明天还是必须要去面对。”于是，儿子自己走进了教室。

这个企业家的做法值得父母借鉴，他的可贵之处就是让儿子懂得：犯了错误，就应该勇于承担后果，不逃避和不推卸责任。所谓吃一堑，长一智，只有吃到了自己不负责任的苦头，男孩以后才会多长点记性。苦头给男孩留下的印象越深刻，男孩就越能提高警惕。久而久之，男孩就会逐渐拥有高度的责任感。

没有惩罚的教育是不完整的教育，没有惩罚的教育是一种脆弱的、不负责任的教育。当男孩犯了错误时父母应给以适度的惩罚，让其以自己的行动弥补过失，就会达到“自食其果”的教育目的，使其记住教训，懂得对自己的过失负责，以养成可贵的责任心。

3.做有责任心的父母

男孩的责任心需要父母言传身教从小培养。父母是孩子的一面镜子，如果想要培养男孩的责任感，父母自己就要先具有强烈的责任感，因为父母是男孩的第一任启蒙教师。

有一天晚饭后，妈妈带着儿子去公园散步，忽然发现前面的地上有一个被丢弃的饮料瓶，强烈的责任心使妈妈不由自主地把瓶子捡了起来，然后扔进了附近的一个垃圾箱里。儿子问妈妈为什么要这样做，妈妈说：“良好的环境需要大家共同来维护，我们每个人都有责任这么做。”听了妈妈的话，儿子略有所悟。以后，每当儿子在公共场所见到别人丢弃的废纸或饮料瓶，他都会主动地捡起来，扔进垃圾箱内。

在日常生活中，父母的所作所为，男孩都看在眼里、记在心上，长期的耳濡目染自然影响到男孩的行为。父母在生活中所表现的责任感，是男孩最早获得的责任感体验。所以说，父母只有在生活中严以律己，给男孩做好表率，才能更好地去影响和教育男孩。

谎言总会被揭穿，诚实的男孩最可爱

诚实是中华民族的传统美德，是做人的第一要素。自古以来，中国人就重视孩子的诚实教育。“狼来了”的故事，大家耳熟能详，它告诫我们：一个不诚实的孩子，最后会失去他人的信任和援救而被狼吃掉。不诚实、说谎话向来会被人们唾弃，并被当作人的最大恶习之一。不难想象，一个爱说谎的孩子很容易让他人产生厌烦和不信任，甚至是鄙视。这样的孩子必然会跟社会环境格格不入，必然遭到集体和社会的摒弃。所以，父母要教育男孩做一个诚实的人，诚实的品质往往能使男孩结交更多的朋友，得到更多的帮助，受到更多的关怀，这对男孩的身心健康发展无疑有重要帮助。

一个在日本留学的中国学生，课余时间为餐馆洗盘子以赚取学费。日本的餐饮业有个不成文的规定：餐馆的盘子必须用水冲洗七遍。洗盘子的工作是按件计酬的，一个盘子洗这么多遍毫无疑问会增加工作时间。这位留学生脑子一转，计上心头，洗盘子时经常偷着少洗一两遍。果然，劳动效率大大提高了，工钱自然也增加了不少。一起洗盘子的日本学生觉得他洗得很快，就向他请教其中的奥秘。他毫不隐讳地说:“你看，洗了七遍的盘子和洗了五遍的盘子有什么区别？少洗一两次嘛。”日本学生听后，与他渐渐疏远了。在一次抽查中，老板用专用的试纸测出盘子的清洗次数不够，并责问这位留学生时，他振振有词地说:“洗五遍和洗七遍不是一样能保持盘子的清洁吗？”老板只是淡淡地说:“你是一个不诚实的人，请你离开。”

诚实是一种可贵的品质，一个人只有诚实守信，才能够建立起良好的信誉，才能获得别人的真诚对待。在这个复杂的社会，你越是诚实可信，人们越会认为你难得，越是个值得交往和相处的人。诚实不需要华丽的辞藻来修饰，不需要甜言蜜语来遮掩，它体现了生命的原汁原味，它是天地之间的一种本真和自然。

诚实的男孩是受人欢迎、尊重和信任的。在家庭教育中，父母对男孩诚实品质的培养，能使男孩抵御不良品质的侵袭。当男孩一旦形成诚实的品质后，他们就不会在父母、老师和同学面前弄虚作假，或当面一套背后一套，或挑拨是非等。

在美国，一位著名心理学家为了研究父母对孩子人生的影响，在全美选出50位成功人士，他们都在各自的行业中获得了卓越的成就；同时另选出50位有犯罪记录的人。心理学家分别写信给他们，请他们谈谈父母对他们的影响。有两封信让那位心理学家印象最深：一封来自白宫的一位著名人士，一封来自监狱的一位服刑犯人。他们谈的都是同一件事：小时候母亲给他们分苹果。

那位来自监狱的犯人在信中写道：

“小时候，有一天妈妈拿来几个苹果，红红绿绿，大小都不一样。我一眼就看见中间的一个又红又大的苹果，非常想要。这时，妈妈把苹果放在桌子上，问我和弟弟：‘你们想要哪一个？’我刚想说要最大最红的那个，这时弟弟抢先说出了我想说的话。妈妈听后，瞪了他一眼，责备他说：‘好孩子要学会把好东西让给别人，不能总想着自己。’

“于是，我灵机一动，改口说：‘妈妈，我想要那个最小的，把大的留给弟弟吧。’

“妈妈听了，非常高兴，在我的脸上亲了一下，并把那个又红又大的苹果奖励给我。我得到了想要的东西。从此，我学会了说谎。以后，我又学会了打架、偷、抢。为了得到想要的东西，我不择手段，直到现在，我被送进监狱。”

而那位来自白宫的著名人士是这样写的：

“小时候，有一天妈妈拿来几个苹果，个头大小都不一样。我和弟弟都争着要大的苹果，妈妈把那最大最红的苹果举在手中，对我们说：'这个苹果最红最大最好吃，谁都想得到它。现在，我们来进行比赛，我把门前的草坪分成两块，你们两个人一人一块来负责修剪草坪，谁干得最快最好，谁就有权得到它！'

"于是我们兄弟俩比赛除草，结果，我得到了那个最大的苹果。

"我非常感谢母亲，她让我明白了一个最简单也最重要的道理：要想得到最好的，就必须努力争取。她一直都是这样教育我们的。在我们家里，你想要什么好东西，就要通过努力去争取，这很公平。"

男孩是否有诚实的品质，直接关系到男孩将以一种什么样的态度去对待人生，也关系到他人将对其行为做出何种评价。无论何时，诚实的男孩都是优秀的，他们真诚地对待每个人、每件事，坦坦荡荡，光明磊落，他们一定会在学业与人生的发展道路上越走越稳、越走越好。为此，作为父母，应利用一切可以利用的机会以各种形式对男孩进行引导、教育，鼓励男孩养成诚实的品德。

1.父母要为男孩做出诚实的榜样

诚实，是每个人都应具备的品质，如果要想真正让男孩养成诚实的品质，父母必须在日常生活中，在平时的小事上处处注意，为男孩做出表率，以诚实培养诚实。

一位父亲利用周末带着孩子去钓鱼。河边的告示牌上写着："钓鱼时间：上午9点到下午4点。"孩子完全沉浸在兴奋中，并没有认真地看这则告示，他的父亲提醒了他好几次，他才仔细地读完了这则告示，并向父亲点头表示认可。但显然，他并没有将这则告示放在心上。

这一天的收获并不好，父子俩坐在河边半天，也没有等到一条鱼上钩。到了下午4点时，父亲正准备招呼孩子回家，突然间孩子大声喊叫了起来，让父亲过去帮忙，他钓到了一条大鱼。这条大鱼非常沉，父子俩努力了半天，才终于将它拖上岸来。一天的努力终于没白费，孩子既高兴又得意。

谁知道就在这时，父亲看了一眼手表，然后收起笑容对孩子说："亲爱的孩子，很抱歉，现在已经超过4点了，按照规定，我们在这里只能钓到4点，因此我们必须将这条鱼放回河里去。"

孩子露出一脸失望的表情，不断地恳求父亲，希望将自己的成果保留下来。可是父亲回答说："我们不能违背规定，不论这条鱼上钩的时间是否在4点钟以前，我们钓上来的时候已经超过4点钟，就应该放回去。"说着他捧起那条鱼，将它放回了河里。孩子眼里含着泪水，没有再说一句话，默默地跟着父亲收拾起钓具回家了。

这件事情对孩子的人生造成了重要影响，这种影响在十多年后得到了体现。孩子曾经在心中埋怨过父亲坚持诚实的死板态度，但当他走上社会，成为一名律师之后，他才发现这种品质的可贵之处。他在业界获得了极好的口碑，他一直坚持的一个职业信仰是：任何来找他打官司的人必须诚实。如果发现自己的委托人有任何谎话，他就会拒绝为其辩护，因为这违背了他的职业道德。人们都愿意信任他，因为与那些满嘴谎言，骗取诉讼费的律师们相比，他的诚实让人们感动。

由此可见，父母的榜样作用对孩子影响很大。在生活中，父母应该做男孩的榜样，用自己的言行来引导男孩逐渐形成诚实的品质。

2.及时纠正男孩的说谎行为

斯宾塞曾说，要想使孩子成为一个堂堂正正的人，这些规矩必先学会遵守：要教育孩子讲真话，做错事要勇于承认错误并及时改正，无论怎样都要做到诚实。如果父母对男孩的错误行为没有及时地纠正，而是听之任之，任其发展，这只能助长男孩的不良习惯。所以，当发现男孩不诚实的行为时，父母一定要及时纠正。

刘琦是一个只有9岁的小男孩，但说谎骗人的本事却很大。一个星期五的下午，老师给刘琦的父母打电话，问他们的儿子这两天没有去上学是什么原因。当时他的母亲被搞糊涂了，不明白到底是怎么回事。因为每天早上她都亲自把儿子送到学校门口，看着他走进学校才转身离去，他怎么可能没去上学呢？她觉得儿子逃学是不可能的事情。

晚上刘琦回到家，无论父母如何苦口婆心地劝说，他就是不承认自己逃学。没办法，父母只好狠狠地揍了他一顿。最后，刘琦一五一十地交代了他最近几天的“所作所为”。原来，每天等母亲把他送到学校门口转身离开后不久，他便溜出了学校。学校附近有一个商场，刘琦上午就在商场中的儿童乐园里泡着，下午跑到商场中的书店里待着。接连几天，他都在商场中闲逛。刘琦说商场里人多好玩，而且还不用学习，不用受老师的管教。他在那里待着也不着急，反正书包里有吃的和喝的，还有自己喜欢看的小人书。每天中午，刘琦等学校放学了，就跟往常一样来母亲的办公室吃中午饭，下午也是准时回家。如果老师没有打电话，他的父母还一直被蒙在鼓里。

父母最痛恨的就是小孩子撒谎，刘琦的父母平时也没少教育他要他做一个诚实的好孩子，可是他仍然如此“轻松”地撒了谎。这件事情让刘琦的父母陷入了沉思，不知该怎样让诚实刻入孩子的头脑。其实，这是缺乏教育技巧的缘故。

男孩说谎是有个形成过程的，假如男孩初次说谎成功，就会为坏习惯的形成打开一扇门，而坏习惯一旦形成，就难以纠正。对初次说谎的孩子，父母不能生硬训斥，又是批评又是骂，父母要做的不是为了惩罚而惩罚，而是要明确如何让男孩改正错误。当男孩第一次说谎时，父母应当让男孩觉得说谎是不对的，好孩子是不说谎的，父母要明确地提出下次不许说谎，让男孩做一个诚实的好孩子；最后，父母要和男孩探讨如何改掉说谎的毛病。男孩由于年龄小，缺少经验，说谎话时一定破绽很多，例如，牛头不对马嘴，不合乎情理，容易被察觉。因此，只要父母留心，仔细观察分析，抓住初犯进行教育，男孩说谎的缺点是容易被克服的。

勇敢的心，让男孩勇往直前

在人的成长过程中，勇敢起着至关重要的作用。勇敢，是在我们将梦想和目标付诸行动的过程中，跨越障碍、逆境前行时不可或缺的品质。这种品质也是在孩子的成长过程中，一点一滴地培养起来的。

然而现实生活中，在很多孩子身上难以看到勇敢的品格。全国少工委、中国少年报和中国青少年研究中心少年儿童研究所联合调查组，曾经对全国中小学生进行了大规模的问卷调查，在“你的主要缺点”一项调查中，16350名小学生中有31.2%的人选择了“胆小”这一缺点，百分比占据26项缺点的第1位。5560名中学生中有28.2%的人选择了“胆小”这一缺点，百分比占据27项缺点的第3位。在“你的主要优点”一项调查中，“勇敢”这一优点排在26项优点的倒数第5位(中学生)和倒数第3位(小学生)。胆小，成了当代儿童突出的道德缺陷之一。

造成孩子缺乏勇敢精神的原因是多方面的，主要是环境与教育的影响。俗话说“初生牛犊不怕虎”，其实，孩子在很小的时候是不知道害怕的，但是由于很多父母对孩子过于关注，担心孩子受委屈、受伤害，当孩子面临小小的困难或考验时，父母马上就把孩子置于“保护伞”下，剥夺了孩子锻炼勇敢品质的机会。如此就造成孩子胆小怕事的个性，以致长大后都很难改变。

曾经有一个上小学三年级的男孩，他身体单薄、性格内向。学校里一个有“小霸王”之称的高年级学生经常欺侮他。小男孩曾经遭受过“小霸王”很多次的敲诈和威胁，还经常被打得鼻子、嘴巴流血。但是这个可怜的小男孩不敢告诉父母和老师，因为“小霸王”威胁他说：“要是敢告诉老师和父母，你以后就别想有好果子吃！”

一天，“小霸王”又在小男孩放学的路上拦住他，要他明天务必“孝敬”一条烟，否则就会放他的血。小男孩再也受不了了，他根本没有钱，不可能拿出一条烟来。他竟然吞下了大量安眠药，怀着难以排解的恐惧离开了人世。

故事中的小男孩是可怜的，也是可悲的，当他遇到他人的欺负和威胁，不能勇敢地面对，结果成了受害者。这主要是由于他缺乏一颗勇敢的心，同时也说明了父母对小男孩家庭教育的缺失，父母未能培养男孩勇敢的品质，致使他连最起码的自我保护能力都不具备。

19世纪，在英国的名门公立学校——哈罗公学，常常会出现以强凌弱、以大欺小的事情。

有一天，一个强悍的高个子男生，拦在一个新生的面前，颐指气使地命令新生替自己做事。新生初来乍到，不明白其中“原委”，断然拒绝。高个子男生恼羞成怒，一把揪住新生的领子，劈头盖脸地打起来，嘴里还骂骂咧咧：“你这小子，为了让你聪明点，我得好好教导你！”新生痛得龇牙咧嘴，却并不肯乞怜告饶。

旁观的学生或者冷眼相看，或者起哄嬉笑，或者一走了之。只有一个外表文弱的男生，看着新生被欺凌的一幕，眼里渐渐涌出了泪水，终于忍不住嚷起来：“你到底还要打他几下才肯罢休！”

高个子男生寻声望去，一看也是个瘦弱的新生，就恶狠狠地骂道：“你这个不知天高地厚的家伙，问这个干吗？”

那个新生用含泪的眼睛盯着他，毫不畏惧地回答：“不管你还要打几下，让我替他忍受一半的拳头吧。”

高个子男生看着他的眼睛，听到这出人意料的回答，不禁羞愧地停住了手。

从这以后，学校反抗恶行暴力的声音开始出现，帮助弱者的善举也逐渐增多，两个新生也成了好朋友。那位被殴打的少年，深感爱与善的可贵，后来成为英国颇负盛名的大政治家罗伯特·比尔；挺身而出，愿为陌生弱者分担痛苦的少年，则是扬名全世界的大诗人拜伦。

当今社会处处充满了竞争，充满了风险，如果一个人想很好地立足于社会，必须具备不怕困难、不怕挫折及不怕失败的勇敢精神。所以，作为父母，在重视男孩的智力开发和身心健康的同时，也应重视培养男孩的勇敢精神，给孩子一颗勇敢的心。

勇敢，是一种优秀的品质。一个从小勇敢的男孩，不怕困难，不怕危险，并且能够战胜困难，在危险中学会自救。尤为重要的是，这种勇敢的表现将影响他的一生。16世纪法国的著名人文主义作家蒙田说：“在全部的美德之中，最强大、最慷慨、最自豪的，是真正的勇敢。”德国伟大作家和诗人歌德说：“你若失去了财产，你只失去了一点；你若失去了荣誉，你就失去了许多；你若失掉了勇敢，你就会失去一切。”所以父母应意识到，勇敢对男孩的成长非常重要，要在教育中培养男孩勇敢的品质。

男孩的勇敢不是天生就有的，这离不开父母的培养。生活中，父母只有大胆放手让男孩去做事，让男孩在生活中接受锻炼，这样做才会使男孩变得勇敢，变得坚强，成为一个富有勇敢精神的人。

1.给男孩独立面对困难的机会

当男孩遇见困难的时候，父母不要着急为男孩“铺平道路”，而应该引导男孩把挫折看成挑战，让男孩在面对困难时慢慢形成坚持和执着的信念。父母不要对男孩过分呵护，要相信他们自己能够做到很多父母认为他们难以做到的事情。

美国总统约翰·肯尼迪的爸爸从小就注意对儿子独立性格和精神品质的培养。

有一次，他赶着马车带儿子出去游玩。经过一个拐弯处时，因为马车速度非常快，马车猛地把小肯尼迪甩了出去。当马车停住时，小肯尼迪以为他爸爸会下来扶他一把，但他爸爸却坐在车上悠闲地掏出烟吸起来。

小肯尼迪叫道：“爸爸，快来扶我。”

“你摔疼了吗？”

“是的，我自己感觉已经站不起来了。”小肯尼迪带着哭腔地说。

“那也要坚持站起来，重新爬上马车。”

小肯尼迪挣扎着自己站了起来，摇摇晃晃地走近马车，艰难地爬了上去。

他爸爸挥着鞭子问：“你知道为什么让你这么做吗？”

儿子摇了摇头。

他爸爸接着说：“人生就是这样，跌倒，爬起来，奔跑；再跌倒，再爬起来，再奔跑。在任何时候都要靠自己，没人会去扶你的。”

小肯尼迪听了，似懂非懂地点点头！

从那以后，他对大人的依赖性明显少了很多。遇到事情，小肯尼迪也不是只顾着哭鼻子！因为小肯尼迪知道没有人可以帮助自己，他必须想办法解决自己遇到的问题！

当男孩遇到困难的时候，如果父母在身旁，他会本能地求助于父母，这时如果父母帮助了男孩，就剥夺了男孩学习如何战胜困难的机会，男孩会形成遇到困难时就求助于别人或退缩的惰性。父母适当的鼓励，适当的离开，让男孩有机会独自面对困难和挑战，自己寻求办法战胜困难，这样不仅能让男孩获得解决问题的能力，而且更能磨炼其坚强、耐挫折的意志品质。

2.鼓励男孩的冒险精神

勇敢与冒险是紧密相连的，鼓励男孩适度的冒险是培养其勇敢品质的重要方法。

有些父母因为怕男孩出危险，往往忽视了对男孩冒险精神的培养，这样会让男孩滋生依赖性强、意志薄弱、责任感差等缺点，不利于男孩的成长。因此，当男孩对冒险性的活动产生兴趣时，父母千万不要毫无理由地拒绝男孩，这会扼杀男孩可贵的冒险精神，使男孩变得胆小怯懦。

一次，小刚看到建筑工人在屋顶上施工。回到家，他对爸爸说：“我想到屋顶上去！”

“到屋顶上干什么呢？”爸爸问他。

“那里高，我想到高处去！”

“噢，你的想法不错，而且很勇敢，那你想怎么上去呢？”

“我爬梯子上去啊，爸爸给我安好梯子我就可以上去了！”小刚很自信地说道。

“嗯，爸爸可以给你安梯子，不过你要答应我一个条件。”爸爸说。

“好吧，你说什么条件？”

“爬梯子和到屋顶上都很危险，小孩子不能自己来，所以爸爸必须和你一起上去，保护你不受伤害，你说怎么样？”小刚想了一会儿，答应了爸爸。

于是，小刚在爸爸的保护和帮助下爬上了屋顶，他站在上面兴奋地大声叫喊，脸上洋溢着成功的喜悦。

对男孩的冒险行为，大多数父母都是阻止的，但聪明的父母却相反。他们认为，在男孩小的时候，应该鼓励他们去冒险，这样有利于男孩的成长。所以，父母应该对男孩的冒险行为多一些宽容，鼓励男孩适度地去冒险，这样有利于培养他们的勇敢精神和自立能力。

第四章
社交能力，成就男孩一生的资本

善于倾听的男孩最受人欢迎

倾听是一门艺术，会倾听必然会思考，会思考必然会表达。倾听是一种习惯，是对人的一种礼貌，更是一门艺术。

善于倾听他人意见的人，与他人的关系一般都很融洽。因为倾听本身就是尊重对方的一种方式。

在古希腊，各国与别的国家进行谈判时，国王都是派使者前往。这些使者个个都是倾听高手。因为在那个时候既没有录音机，又没有书面合同，所以这些使者就只能用心倾听谈判会上的内容，回国后，再将听到的内容向国王一一传达。传达要求精确，使者的责任重大，传达过程中出现的任何错误都可能使其丧命。其实，这些使者在倾听方面并没有什么特异功能，只是接受了一定的训练，能做到在倾听过程中心无旁骛。

人们都喜欢善于倾听的人，倾听是使人受欢迎的基本技巧。人们被倾听的需要，远远大于倾听别人的需要，倾听是心与心的交流。一位伟人曾经说过："喜欢倾听的民族，是一个智慧的民族；不喜欢倾听的民族，永远不会进步。"善于倾听的人，会有很多朋友。

基德是威廉见到的最受欢迎的人士之一，他总能受到邀请参加一些私人聚会。

一天晚上，威廉碰巧到一个朋友家参加一个小型的社交活动。他发现基德和一个漂亮女孩坐在角落里。出于好奇，威廉远远地观察了他们一段时间。威廉发现那位年轻女士一直在说，而基德好像一句话也没说。他只是有时笑一笑，点一点头，仅此而已。几小时后，他们起身，谢过男女主人，走了。

第二天，威廉见到基德时禁不住地问道：

“昨天晚上我看见你和全场最迷人的女孩在一起。她好像完全被你吸引住了。你怎么吸引她的注意力的？”

基德回答说：

“很简单。有个朋友把她介绍给我认识后，我只对她说：‘你的皮肤晒得真漂亮，在冬季也这么漂亮，是怎么做的？你去哪儿了？阿卡普尔科还是夏威夷？’

“‘夏威夷。’她说，‘夏威夷永远都风景如画。’

“‘你能把一切都告诉我吗？’我说。

“‘当然。’她回答。我们就找了个安静的角落，接下去的两个小时她一直在谈夏威夷。

“今天早晨，那个女孩打电话给我，说她很喜欢我陪她。她说很想再见到我，因为我是最有意思的聊天对象。但说实话，我整个晚上没说几句话。”

看出基德受欢迎的秘诀了吗？很简单，基德只是让那个女孩谈自己。他对每个人都这样——对他人说：“请告诉我这一切。”这足以让一般人激动好几个小时。人们喜欢基德的原因就是因为他懂得倾听。

教育家卡耐基说：“做个听众往往比做一个演讲者更重要。专心听他人讲话，是我们给予他人的最大尊重、呵护和赞美。”每个人都认为自己的声音是最动听的，并且每个人都有迫不及待地表达自己的愿望。在这种情况下，友善的倾听者自然成为最受欢迎的人。

世上许多人之所以不能给他人留下良好的印象，正是因为他们不能耐心地做一个很好的听众。所以，如果要别人喜欢你，原则是：首先要做个好听众。

对男孩来说，倾听是一种必须具备的美德和交际能力。倾听既是一个听的过程，也是一个学的过程。在倾听他人的过程中，男孩可以从他人的言语中学习到一些自己不知道的知识和为人处事的态度与原则。学会倾听，也就学会了尊重别人，学会了真诚处事，学会了关心，也学会了理解和沟通。

总之，让男孩学会倾听是一切良好习惯的基础。无论是好的学习习惯或是行为习惯，都源于最初的倾听。但“倾听”这个良好的习惯，并不是与生俱来的，而是需要很多时间和方法培养而成的。因此，父母应该注意从小就培养男孩的倾听能力。

1.不要随意打断别人讲话

随便打断别人说话或中途插话，是有失礼貌的行为。如果家里有一个爱插话的男孩，会让父母感到头疼，也容易让客人认为男孩没礼貌，所以父母要帮助男孩改掉这一习惯。

王宪是一个思维灵活、心直口快的孩子，在班会上及与别人谈话时，总是抢先发言。当别人说话时，他常常在中间打断，迫不及待地说出自己的想法。而且，他不是举手打断，而是直接坐在自己的位置上大声发表言论。

他对自己常常打断别人的讲话这一行为并没有丝毫悔意，反而觉得自己的话能给发言的同学以启发，不仅自己的观点都是正确的，而且一定要说出来。不管这时别的同学是否在陈述个人的观点，都要为他“让路”。

一开始，多数同学不愿意去直接批评王宪的这一做法，对他这种做法并没有过多介意。可时间一长，同学们对他就有看法了，有的甚至不愿意与他过多来往。

随意打断别人的讲话，这是对他人不尊重的表现。一个不知道尊重他人的男孩是不可能有朋友的。所以，父母要让男孩懂得交流的基本规则，当别人说话时，男孩要集中注意力耐心去听，不随便插嘴，不打断别人的话，和别人对话时要懂得一问一答。

2.教男孩一些倾听的技巧

倾听是一种技巧。男孩不能认真地倾听他人讲话，往往与他不懂得如何去倾听有一定的关系。所以，父母应该有意识地教男孩一些倾听的礼仪，对他养成倾听的好习惯会有很大帮助。父母要经常告诉男孩：听别人说话时，眼睛要看着对方，聚精会神地听清楚听明白。在别人还没讲完时，男孩不要着急地发表自己的看法。听完以后再想一想，别人说的或问的是什么，如果自己没有听清楚的话，可以再问一问，如果听清楚了，再说出自己的意见。

3.认真听男孩讲话

父母的一言一行经常被男孩模仿，父母的行为随时都对男孩的发展产生潜移默化的影响。要想使男孩养成良好的倾听习惯，首先父母自己就应该具备良好的倾听习惯。

阳阳的母亲最近声带发炎，疼得要命，医生嘱咐她一周内不要讲话，这可憋坏了平时爱说话的她。但是，母亲发现，不讲话这段时间，自己跟儿子的关系却奇迹般地融洽了许多。

看过医生的当天，阳阳回家一进门就说：“妈妈，我再也不想去幼儿园了，老师笑话我！”

如果平时听到儿子这么说，母亲肯定先责怪孩子调皮，声音比儿子的还大。但是由于不能说话，她只好忍住了，什么都没有讲。

气呼呼的儿子来到母亲的身边，伤心地哭了起来：“妈妈，今天老师让我们装玩具，我把小马的耳朵给小驴安上了，老师就笑话我，小朋友们也都笑我。”

母亲依然没有说话，而是把伤心的儿子搂在了怀里。儿子沉默了几分钟，从母亲的怀里站了起来，平静地说：“妈妈，我去玩了，我没事了。”然后就高高兴兴地走了。

这次声带发炎，无意中让阳阳的母亲体会到了倾听对于维护亲子关系的奇妙作用。

让男孩学会倾听，父母首先要学会倾听孩子。在男孩倾诉时，父母应认真倾听，与男孩交流自己的想法；在男孩回答问题时，不管他们的答案正确与否，父母都应耐心认真地听他们说完；在男孩告状时，父母也应认真倾听并耐心引导他们解决问题，让男孩觉得父母在认真听着，在关注着他。

学会交往，男孩将赢得更多的朋友

社会交往是人们实践和提升礼仪素养、谦恭品质和优雅风度的一种活动。卡耐基曾经说过：一个成功者，专业知识所起的作用是15%，而交际能力却占85%。人际关系的和谐，交往本领的高强，是未来社会判断成功者的重要标准之一。

交往是人的需要，也是社会对人的要求。人是社会中的一部分，一个人离开他人、离开社会就无法生存。良好的人际交往能力以及良好的人际关系是人们生存和发展的基础。通过交往，人们能够互相交流信息和感情，协调彼此的关系，达到共同进步的目的。

交往是人们实现合作与沟通的前提，对男孩的成长有很重要的作用。社会越来越需要人们具有善于与人交往合作的能力。培养男孩良好的社交能力，不仅是男孩智力发展、健康成长的需要，而且是他们日后生存和发展的基础。

学会社交是让男孩适应社会、进入社会的一个重要途径。男孩只有在与同伴、成人的友好交往过程中，才能尽早学会在相互平等的基础上协调各种关系，正确地认识和评价自己，形成积极向上的心态，成为能适应社会，能与人愉快协作的具有健康心理和健全人格的人。

著名的少年大学生魏永康，1983年出生在湖南省湘潭市。他很小的时候就表现出过人的天赋，2岁就掌握了1000多个字，小学只上了2年级和6年级，其余的都直接跳过了。1991年，8岁的魏永康跳级升入了县属重点中学。13岁时，他以高分考进湘潭大学物理系，成为当地公认的“神童”。17岁时，魏永康又以优异的成绩考上了中国科学院高能物理研究所，取得了令人羡慕的硕博连读资格。

然而没想到的是，在读了三年研究生之后，在魏永康20岁的时候，他的父母突然接到学校的通知：魏永康同学因为不适应在校期间的学习生活，学校建议其退学。

那么，这位天才少年的身上到底发生了什么事情？

原来，魏永康虽然有着超高的智商，但性格过于孤僻，只会看书算题，不懂得如何跟周围的人交流，对学校里发生的事情一概不知。

有一次，系里临时通知更改一门英语课的考试时间，发出的通知贴在学校的布告栏上。以前系里有人专门通知魏永康教务上的事情，但是这次那个人有事出差了，于是他错过了考试。

不仅如此，魏永康平时总是一个人躲在宿舍里看书，不和舍友交流，也不和老师沟通。大家都不知道他心里想什么，而他自己也很孤僻。他说："其实我也很想和别人沟通，但是我不知道怎么去做，我很孤独，可是没有人倾诉。"

魏永康上大学的四年，是由妈妈陪着读完的，什么事情都由妈妈安排好，妈妈是他唯一的交往和倾诉对象。而考上研究生，独立生活之后，他不会和别人交往，也不懂得如何从交往中学到新的知识，毫无独立生活能力，最终不得不退学。

随着社会的发展，人际交往能力越发显得重要，一位成功学专家说：所有成功的人之所以成功，是因为他的人际关系处理得非常好。不会与人交往的人，在社会上很难受到别人的欢迎，而一个不受欢迎或不被他人接纳的人，也是根本不可能取得成功的。因此，父母应当充分认识到交往的重要性，从小鼓励男孩与人积极交往，从而为男孩的健康成长和将来走上成功之路打下一个坚实的基础。

1.给男孩传授交往的技能

青青刚上小学一年级，有一天回到家里，对妈妈说："妈妈，小朋友都不跟我玩，我不想上学了。"妈妈说："你可以和小朋友商量。""商量了，他们还是不同意，说我打他了，就不和我玩。""那你有没有打人呢？"妈妈追问。青青说："没有，他不和我玩，我就拉了他一下。"妈妈与老师联系，经过沟通才发现，青青在学校想和小朋友玩时，就去拉人家，如果人家不想和他玩，他就使劲地拉扯，弄得别的孩子都不愿意跟他玩。

华盛顿大学的心理学家莱金·菲利普斯认为，许多孩子不能与他人正常交往的原因，是因为他们没有学会基本的人际交往技能，从而也不能以正常的方式和别人交往。所以，为了提高男孩的交往能力，父母要指导男孩学会交往的技能和本领，如待人、接物、礼仪、谦让、谈吐、举止的规范；正确处理与伙伴间的关系，友好地与同伴交谈，用别人喜欢的名称称呼他人；赞扬他人要诚心诚意，批评他人时要与人为善；体察别人的情感，了解别人的需求；学会当接受别人给予时，要考虑别人的奉献，追求自己利益时，想想别人的利益；引导男孩严于律己，宽以待人，不要斤斤计较，不要心胸狭隘等。

2.让男孩记住别人的名字

懂得记住别人的名字，是人与人之间交往最基本的礼仪，是讲文明懂礼貌的一种体现。卡耐基说过："记住人家的名字，而且很容易地叫出来，等于给别人一个巧妙而有效的赞美。"教男孩记住别人的名字，可以让男孩从心理上缩短和他人之间的距离，从而让他人愿意与其交流，增进彼此的亲近感，还可以让男孩更加仔细地观察周围的人和事，锻炼孩子的辨识能力，为男孩将来建立良好的人际关系起到促进作用。但男孩并非天生就能记住别人的名字，这就需要靠父母有意地培养，使其形成好的习惯。

学前班开学第一天，妈妈送儿子叮叮去上学。在路上，妈妈对叮叮说："今天至少记住3位和你说过话的小朋友的名字，回来告诉妈妈好不好？如果记住的超过3位，回家就可以多看15分钟动画片。"这天回家，叮叮记住了4位小朋友的名字，妈妈奖励他多看了一集《喜羊羊与灰太狼》。第二天，叮叮能记住的名字更多了，而且还能描述出其中几位小朋友的特征。当叮叮记住了同班所有小朋友的名字后，妈妈又将范围慢慢扩展到学前班以外，对于家里来的客人，路上碰到的熟人，只要有机会，叮叮都会仔细地观察这些人，向爸爸、妈妈询问对方的名字。经常是只见过一面的叔叔、阿姨，与叮叮再见面时，叮叮就能准确地叫出他们的名字并礼貌地向他们打招呼，他们都惊喜地夸赞叮叮是个有礼貌的孩子。

美国总统罗斯福说过："交际中，最明显、最简单、最重要、最能得到好感的方法，就是记住人家的名字。"当然，父母教男孩记住他人的名字，不仅仅是为了让男孩获得他人的好感，最重要的是，通过教男孩记住他人的名字，使男孩学会人际间的交流，养成尊重他人的习惯，这是一种有教养的表现。

3.为男孩提供交往的机会

交往能力是在与他人的接触中形成和发展的，如果没有这样的机会，男孩的交往概念就很难形成，交往能力也就很难发展。父母要为男孩多提供与人交往的机会，以增长男孩的见识，增强男孩的社交能力，为男孩将来步入复杂纷乱的社会，奠定必要的基础。

美国总统肯尼迪的父亲约瑟夫，很注重创造条件让孩子得到多方面的交往机会，他让男孩子们全部到非教会学校读书，使他们能与各种背景的人接触，扩大视野，后来，他的4个儿子全部考进了哈佛大学，成为社会上的杰出人士。

孩子自己的交际圈子毕竟是有限的，父母应该为男孩创造条件、提供各种机会，让他们在实践中学会交往，感受交往的快乐。在生活中，父母要鼓励男孩多与同伴交往，让男孩参与各种活动；外出做客时，要让男孩多观察成人间的交往方式；家中来客人时，让男孩参与接待工作，逐步消除孩子在交往中的羞怯、恐惧心理。例如，父母可以让男孩出门去找同班的小伙伴玩耍，或邀请小伙伴到家里来做客，或带男孩出去串门、走亲戚，多领男孩到公园、儿童乐园等公共场所，减少男孩对不同人、不同情境的陌生感，增强其交往能力和兴趣。给男孩创造一些与人交往共处的机会，时间长了，男孩就能增强与人交往的能力。

不要一个人去战斗，懂得合作的男孩更强大

合作是指两个或两个以上的人为了共同目标或者获得共同利益而自愿结合在一起，相互帮助和配合，最终实现共同目标、满足个人利益的一种社会交往活动。

现代社会是一个讲究“双赢”的社会，人与人之间的合作是必不可少的。孩子进入社会后，在与人相处的过程中，最需要的其实就是合作能力。

有人曾经问一位日本小学校长：“您办学最注重什么？”

这位小学校长回答：“教育孩子学会如何理解别人，与其他人合作。在现今社会，人与人如果不能相互理解和合作，知识再多也没用。”

这位校长的话告诉我们，合作意识和合作能力是孩子应该具备的一项重要素质。

现代社会对人才的要求越来越高，不仅要求人才要有较高的素质、能

力，而且要求其具有良好合作性，善于与人合作。而现如今的男孩子以独生子居多，他们普遍缺乏合作意识和能力，合作水平参差不齐，所以培养男孩的合作能力是家庭教育必不可少的一项内容。

春节期间，亲戚家的表哥表妹来到王翔家拜年，王翔的一个亲戚骑来的一辆三轮车引起了几个孩子的注意。他们争抢着要骑车，都不愿坐车。大壮的声音最洪亮，因为那辆三轮车是他爸爸的，于是他坚持要骑，让其他孩子坐到后面。可是伟浩、俊杰、晓敏以及王翔都不同意，于是大家都抓着车把不肯松手。

大壮急得大叫，把爸爸喊了出来。但是爸爸并没有为大壮说话，而是对几个孩子说："你们可以商量一下，再决定谁骑车，谁在后面坐车，但是要注意安全哟！"

王翔说："大家都坐在后面，在前面骑车是很累的，但是我愿意干这个累活！再说了，今天我是小主人，应该由我来骑车，带着你们兜一圈。"大家都觉得王翔说得有道理，于是纷纷坐到三轮车的后座上，让王翔去骑。

人在社会上生存，不可避免地要与人合作共事。能否与人合作共事对于男孩能否很好地生存和发展，能否更好地成为社会活动的主体是至关重要的。只有懂得合作的人，才能获得生存空间；只有善于合作的人，才能赢得发展机会。一个懂得合作的男孩，成年后会很快适应社会并发挥积极作用，而不懂合作的男孩在生活中将会遇到很多麻烦和挫折。懂得合作、善于合作、乐意合作的男孩一般都拥有良好的人际关系，在各种场合都能与他人和睦相处。因此，父母要教会男孩如何与人合作共事。

1.培养男孩的团队意识

欧洲著名的心理分析学家阿弗雷德·阿德勒认为：假使一个儿童未曾

学会合作之道，他必定会走向孤僻之途，并产生牢固的自卑情绪，严重影响他一生的发展。所以说，合作能力是男孩未来发展、适应社会、立足社会所不可缺少的重要能力。父母必须培养男孩与人合作的意识，训练男孩的合作行为，增加男孩的团队意识。

16岁的刘洋以优异的成绩升入省重点高中，开始了寄宿生活。可是开学不到一个月，他便向爸爸提出转学的想法。爸爸再三追问，可是他一脸不耐烦的样子闭口不答。

于是，爸爸去学校了解了一下情况。老师和爸爸反映，刘洋的学习成绩很好，但是凡事都太争强好胜，太以自我为中心。一次，刘洋和同学一起参加演讲比赛，获得了团体第二名，可是奖状只有一张，两人互相争夺。最后，刘洋一怒之下竟然把奖状撕了，说谁也别想要。平时，他和宿舍其他5个人相处时也有很多小矛盾。久而久之，他因为不受同学欢迎，变成了“独行侠”。

了解儿子的这些情况后，爸爸为了让他认识到合作的重要性，展开了一连串的行动。

周末，爸爸带刘洋参加了一次拓展训练活动。活动期间，父子二人完成一些只有靠大家共同努力才能完成的任务，活动很有意思，刘洋玩得很尽兴。当教练讲评每一次任务胜利的根源都在于大家彼此信任、支持、互助时，有了切身体验的刘洋频频点头。

在回家的路上，爸爸还趁热打铁地和刘洋聊起了篮球，说：“一个再棒的球员，如果没有人传球给他，他也不能取胜。如果每个人都想当英雄，都没有团队意识，那就绝没有球队的胜利。”刘洋听了，若有所思地点了点头。

合作不是一个人的行为，而是一种集体的行为，这就需要男孩有足够的团队意识。父母必须在潜移默化中帮助男孩确立正确的合作意识，使他们懂得，大家都是群体中的一员，是平等的。遇到矛盾或困难时，只要大家齐心协力就一定能解决它，战胜它。

2.教给男孩合作的技能

一家幼儿园组织孩子们玩堆积木的比赛游戏。孩子分成两组，按照指示图样，用积木搭建城堡。展博率领一组小朋友，由另一个男孩率领另一组小朋友。

搭到一半的时候，展博和同组的小朋友吵了起来。

“告诉你拿黄色的积木，你偏拿来蓝色的。”展博呵斥那个小朋友，“看看，又错了吧！”

那个小朋友吓得低着头不敢说话，求助似的看着别的小朋友。其他小朋友也都停了下来，围在一旁，惊恐地看着他们。

“看什么呀！”展博更加生气了，“快点，他们（指另一组）都快搭完了！”

虽然展博一个劲儿地催同组的小朋友，可他们都怕再出什么差错而被骂，动作反而更慢了。展博急得不得了，跑前跑后，大约一半的工作都被他抢过去做了。由于他四处跑动，影响了其他小朋友的动作，搭建速度更慢了。结果，另一组在规定时间里完成了任务，展博带领的小组输了。

“都怪你！”展博把积木推倒在地，指着拿错积木的小朋友吼了起来，“就怪你！”

那个小朋友“哇”地一声哭了起来……

孩子年龄小，缺乏社会交往经验，很多男孩往往不知如何去与人合作，这就需要父母教给男孩合作的技能，指导男孩学会如何去合作。比如两个孩子都在玩过家家，而小锅子只有一个，谁都想要，这样就很容易发生纠纷。此时，父母要进行及时引导，教男孩掌握一些协商的技能，比如两人可以轮着玩，或者两人分配角色，一个烧饭另一个出去买菜；如孩子在下棋时，双方往往都想赢，所以争吵、耍赖的情况时有发生，父母就可让孩子知道如何谦让，如何遵守规则，碰到问题怎样去商量等；如几个孩子在一起搭积木，父母就应该让孩子学会一起商量，分配工作；当孩子们遇到矛盾时，父母就应尊重孩子，让他们各自发表自己的看法，引导孩子相互比较，最后共同确定一个大家都比较满意的方法……通过这些具体的合作情景，通过一次次的交往，男孩就会从中体验到合作成功的快乐和满足，从而激发男孩进一步合作的兴趣和动机。

乐于助人，好男孩愿意帮助他人

乐于助人，就是要求人们善于理解他人的处境、情感和需要，随时准备从道义上去支持别人，从行动上去关心帮助别人。这不仅仅是中华民族的传统美德，更应该成为当今社会提倡的道德风尚。

人与人的社会交往程度越深，越是离不开相互帮助。对男孩来说，父母从小在他们心中播下关心他人、助人为乐的种子，是发展男孩健康心理，培养男孩开朗、宽厚、善良性格的重要基础。一个乐于助人的男孩，能够不断收获他人的支持和帮助。

开学半年多了，同学们从没见刘德亮笑过，这引起了班长田华的注意。平时刘德亮从不和别人主动聊天，也不爱说话，只顾一个人低头学习。半年来，除了学校他几乎没去过其他的地方，由于他性格孤僻，同学们给他起了一个外号，叫“孤独大侠”。

有一次，刘德亮的一个亲戚来看他，田华才从刘德亮的亲戚那里了解了他的不幸遭遇。原来刘德亮很小的时候父母在一次车祸中丧生，由于没有了生活的依靠，刘德亮和妹妹不知道该怎么活下去。幸好远方的舅舅闻讯赶来，把兄妹俩接到了自己家里。舅妈是一个好生事端的人，对刘德亮和妹妹十分苛刻，动不动就责骂甚至动手打他们。

一次妹妹发高热，舅舅不在家，刘德亮求舅妈带妹妹去看病，舅妈不理他，等舅舅回来后把妹妹送到了医院，可因为发烧导致妹妹的眼睛再也看不见东西了。从此以后，除了妹妹，他再也不愿意和别人说话。

田华知道一切后，主动找刘德亮谈话。田华说：“刘德亮，我对你的不幸遭遇深表同情，希望我能帮助你。”刘德亮只是看看他，没有说话。可是田华并没有放弃对他的帮助，他把刘德亮的事告诉了同学们，并让大家一起想办法，让刘德亮快乐起来。

因为刘德亮的拒绝，谁也没想到更好的办法。田华忽然想到刘德亮的妹妹是发热导致的失明，也许能治好，于是他请教了医生。医生告诉他要分情况，一般情况下是可以治好的。

这一点希望点燃了田华的心，他回去组织同学策划捐款行动，然后背着刘德亮把他的妹妹接到医院。经过检查，医生说妹妹的眼睛可以治好，这让他和同学们都高兴不已。

这段时间刘德亮见同学们都怪怪的，而且他们用一种异样的眼光看他，以为是田华把他的事向同学们宣扬后导致的，于是对田华更加冷漠。

直到一天，田华对刘德亮说：“刘德亮，门口有人找你。”刘德亮疑惑不解，因为平时从来没有人找过他，但他还是向门口走过去。当他看见自己的妹妹时，眼睛湿润了。

“怎么，你的眼睛？”

“是的，我可以看见你了！”

刘德亮不解地问：“到底发生了什么事？”

妹妹把发生的一切告诉了刘德亮，从此，刘德亮和田华成了好朋友，他的性格也逐渐变得开朗起来。

给他人力所能及的帮助，是一种美德，同时男孩也能从中收获快乐。当别人遇到困难的时候，在自己力所能及的范围内，主动去帮助别人，这个过程既可以让男孩之间建立良好的友谊，又可以让男孩体会到成就感，让男孩成为受欢迎的人，这将大大鼓励男孩的信心，使其更乐意去与人交往。因此，培养男孩乐于助人的精神是儿童教育中的一个重要课题。

1.引导男孩帮助他人

一天放学后，田亮和许刚在一起做作业。一会儿，许刚被一道题难住了，他想了半天，也没想明白。这时，田亮已经做出了那道题，他看出了许刚的心思：想让自己给他讲解，但又不好意思开口。

晚上吃饭的时候，田亮得意地说：“爸爸妈妈，许刚今天有道题不会做，但我会，哈哈哈！”

妈妈笑着问他：“真不错，但是你有没有告诉许刚你是怎么做的呢？”

田亮说：“没有，他没有问我。”

妈妈说：“那你有没有主动问他需不需要帮助呢？”

田亮疑惑地问：“没有，我为什么要问他呢？就算帮他我也没有好处啊。”

这时爸爸开口了，他认真地说："儿子，你这样想可不对哟！你主动告诉许刚你的解题思路，就是主动帮助他，而当你以后有不会的题时，他也会帮助你，这就叫帮人就是帮自己。"

在他人需要帮助的情况下，父母可以教男孩如何帮助别人解决困难，男孩可以通过实际行动和父母的思想启发去认识问题，逐渐养成关心他人、帮助他人的好习惯。

2.为男孩树立榜样

培养男孩乐于助人的品格，首先需要父母给男孩树立榜样。

在一家杂货店里，一位女士带着儿子在选购罐头。不巧，一位年老顾客的皮包掉了下来，零钱洒在了地上。这位女士马上停止选购，弯下身去帮这位老人家捡零钱。儿子看到妈妈的举动后，也主动过去帮忙。

父母是孩子的第一任老师，父母言行一致，为男孩做出好的榜样，言传身教比大道理更有说服力。乐于助人的父母，其行为能够时刻熏陶并影响自己孩子的行为。所以在日常生活中，父母遇到邻居、朋友甚至是陌生人有困难的时候，要及时地伸出援助之手，给男孩树立一个好榜样，身教胜于言传。父母乐于助人的言行，时刻影响着男孩的观念和行为，时日一久，男孩在遇到有人需要帮助时，也会慷慨相助。

3.表扬男孩的行为

当男孩帮助别人之后，父母要主动和男孩谈论他的感受，了解男孩从中学到了什么，并对男孩出色的表现给予肯定。

有一个下雨天，爸爸去接儿子放学，碰见一个小同学没打雨伞，在雨中淋着。于是爸爸对儿子说："你看，这个同学没带雨伞，如果是你，此时你最希望怎样？"儿子想了想二话没说跑过去，和这个小同学一起打着雨伞往前走去。过了一会儿，这个同学的妈妈来接他。看到孩子没淋在雨中，非常感激地和男孩打招呼："你们是一个班的吗？"她的孩子激动地抢先回答说："不是，我们不认识。"他的妈妈对男孩说："谢谢你！小朋友。"同时，对乐于助人的父子俩报以感激的一笑！回家后，爸爸问孩子："你今天做了件好事，感觉如何？"儿子用稚嫩的语言说："我很快乐！我以后在别人需要帮助时，还要继续去帮助别人。"

对于男孩助人为乐的行为，父母应及时给以肯定、支持和鼓励，如扶残疾人或老人过马路，主动让座给需要的人，帮助生活困难的同学等。对男孩的这些行为，父母都要给予鼓励，使孩子把助人为乐、爱做好事的行为坚持下去，以培养男孩乐于助人的美德。

与人分享，教男孩不自私、不独占

分享是人在社会交往中需要拥有的一种意识，一种能力，一种品质，也是每个人都需要具备的一种美德。

分享是人生的一种乐趣，生命中总有很多东西是需要有人来一同分享的。人只有学会分享，才能得到快乐；只有学会分享，才能得到幸福。所以，从小培养男孩与他人分享的意识很重要。

学会分享是男孩成长过程中的一个重要的里程碑。然而，现在的男孩大多是独生子，在家庭中拥有很高的地位。男孩从小在相对封闭的、受到严密保护的环境中成长，缺乏对他人的关心和尊重，无形中形成了自私、专横和独占等不良的习惯。他们习惯了父母的呵护，往往以自我为中心，不知道如何去关心别人，体会不到与人分享的快乐。

曾经有个男孩子对老师说："我不快乐！虽然我家有两个保姆、上百本图书和数不清的玩具，可是，我就是不快乐！"

于是老师就问他："你把这些书分给没有书的小伙伴看过吗？"

"没有。"

"那你把那些玩具分给别人玩过吗？"

"也没有。"

"你的压岁钱用来帮助过有困难的同学吗？"

"更没有了。"

"所以你不快乐！"老师这样对他说，"如果你能把这些东西拿出来和别人分享，快乐自然就会来到你的身边！"

这次谈话后，孩子了解到贫困地区有许多爱学习的孩子没钱买课外书时，他真的很吃惊，就和妈妈一起捐出10000元钱，要求为5所农村小学建立"手拉手"书屋。

几个月之后，男孩真的收到了上百封农村孩子的来信，男孩的校长惊讶不已，以为这个男孩干了什么惊天动地的大事。

在这些信中，农村孩子对城市男孩表达了最朴实的感谢，说他们从来没有看到过那么多的书，还说那些书让他们拥有了许多美好的梦想，给他们带来了不曾有过的快乐，他们一定会好好读书……

男孩被感动了！他忽然觉得，自己是多么重要，自己的那些书是多么神奇！

慢慢地，男孩变得快乐了！他还和妈妈商量好，每年都要省下一些钱来捐书给山里的孩子。第二年，他又捐了1000册书……

懂得分享是男孩获取快乐的方法，一个乐于分享的男孩，很自然地能够交到更多的朋友，变得更加受欢迎。男孩可以从中真切感受到分享带来的快乐，这对他们正确理解分享以及将来形成健全人格都具有十分重要的意义。

学会分享是男孩在成长过程中必经的一个重要内容，这直接影响着男孩将来在社会上的立足。男孩如果从小就有分享的意识，经常有分享的行为，体会到分享带来的快乐和满足，看到了分享给别人带来的愉悦，男孩慢慢地就能理解分享的真正含义，学会发自内心地分享，成为一个乐于分享、习惯分享的人。

分享是一件互惠互利的事情，是一件好事，但不是一件易事。因为男孩的分享行为并非天生，而是通过后天父母的教育和引导逐渐形成的。所以，在男孩的成长过程中，父母有义不容辞的责任去培养男孩的分享意识。

1.让男孩体会到分享的快乐

吴迪的班级开设了“图书角”，老师号召同学把自己的书拿出来和其他同学交换阅读，分享图书资源。可是放学回家后，吴迪却一脸的不高兴。爸爸问他为什么，他说他看到有个同学拿了一本《格林童话》，他很想看，可他又怕交换图书后，同学将他的书弄坏，所以他就没有换到自己想看的书。爸爸知道原因后，和蔼地对吴迪说：“交换的图书并不会损坏，几天后就换回来了，即使损坏了也没关系，可以再买。但是自己不付出，不与他人分享，自己也体会不到分享的乐趣。”在爸爸的鼓励下，吴迪决定明天就把自己的《小王子》拿去与同学交换，换他喜欢的图书。第二天放学后，吴迪高高兴兴地把他喜欢的图书换回来了。

男孩的分享意识和行为要依靠父母的引导。男孩之所以不愿与人分享，是因为他觉得，分享就是失去。父母要让男孩明白分享是互利，分享体现了自己对别人的关心和帮助，但同时别人也会回报自己同样的关心和帮助，这样彼此关心、爱护、体贴，大家都会很快乐。

当男孩发现一个小小的分享行为，不但会给自己，还会给周围的人带来这么多幸福时，他们会感到非常快乐，并会积极地参与这种令人快乐的分享活动。

2.引导男孩的分享行为

在现实生活中，有很多男孩习惯吃独食，不愿与他人分享，这与父母的溺爱是密切相关的。很多父母出于对孩子的爱，把好吃的、好玩的全让给孩子，孩子偶尔想与父母分享，父母在感动之余，却常常说："我们不吃，你自己吃吧。"这样长此下去就强化了孩子的独享意识，他们理所当然把好吃的、好玩的据为己有。

凌亮最爱吃大虾，每当家里做虾的时候，爷爷总是习惯性地把整盘虾放在他的跟前。时间久了，凌亮就认为那盘菜是为他一个人准备的，竟然把菜盘放到了自己的眼皮底下，并且不让别人动。

妈妈将这一切看在眼里，就对儿子说："那个菜肯定很难吃，是吧？"凌亮一听，着急了："不是的，很好吃。"

妈妈摇摇头说："我们都不相信啊。我们又没有吃，肯定是很难吃的。"

凌亮连忙把盘子推到大家面前，说："你们都尝尝看，很好吃的。"

看到全家人都吃了后，凌亮就问："很好吃是不是？"

这时候，妈妈就告诉儿子："好东西要大家一起分享，才能知道好吃还是不好吃，是不是？"

凌亮点了点头，主动地把盘子端到每个人面前，让大家一起吃。

全家人都对凌亮纷纷竖起拇指说："凌亮真是个懂事的孩子！"

后来，凌亮吃饭的时候，再也没有发生过把菜盘据为己有的事情。

男孩的分享意识不是自发生成的，父母必须在日常生活中引导孩子去学会分享。如：吃东西时，父母要有意识地引导男孩将食物分发给大家，告诉男孩好吃的要和大家分享，还可以尝试着让孩子把好的、大的食物先给别人吃，而大人在欣然接受男孩分享的东西时，别忘了说"谢谢！"，让男孩感受到真实的分享所带来的快乐，同时也在无形中让男孩学会了礼貌待人。

孰能无过，好男孩要勇于道歉

道歉是一个人有礼貌的体现，也是一个重要的社交技能。生活中，做错了事就要道歉，这是理所应当的事情，任何人都不例外。

人非圣贤，孰能无过。人只有知错就改，敢于道歉，才会赢得别人的尊重。英国首相本杰明·狄斯累利说："世上最难做的一件事，便是承认自己错了。要解决这种情况，除了坦白承认错误，没有更好的办法。"倘若发现自己错了，却不及时向别人道歉，甚至千方百计找借口为自己辩解，这会让事情变得更糟。这时，你不仅得不到别人的谅解，相反，还会受到谴责，并在自身人格、形象上有所损失，甚至激化你和别人的矛盾，让你成为众矢之的。因此，任何人都不能小看了道歉的作用。

在一所中学的食堂里，学生们正井然有序地排着队，这时候，有一个初三的男生被前面的同学一推搡，不小心踩了身后一位男同学的脚。因为觉得自己也是受害者，所以，这个男生没有道歉。这可把他身后的同学惹火了，同学大声骂了起来：“你有没有素质呀，踩到人了不会道歉啊？”

结果这个男生也急了，用胳膊肘狠狠地捅了一下身后的那个同学，于是，两个人扭打成一团。直到老师赶到，才制止了这场可能会进一步被激化的打斗。

本来是一件小事，却因为男生不懂得道歉而发展成斗殴事件，这是人们所不愿看到的。其实，男孩应该在第一时间表示“诚心”的歉意，这样做通常可以避免伤害继续扩大，甚至可能将危机化为转机。所以，当男孩做错事情的时候，一定要学会道歉。如果我们每个人都能做到犯错后及时承认错误并道歉，不必要的矛盾、纠纷就会大大减少，整个社会的人际关系也会和谐很多。

在家庭教育中，让男孩学会道歉是一门不可少的功课。当男孩有错误的行为产生时，父母需要在第一时间教导男孩，使男孩明白什么是正确的行为并且拥有勇于认错的态度，让男孩在小的时候就养成好的行为习惯，并让此习惯变成自然。

美国公关专家苏珊·亚各贝曾说：“学会道歉是一个重要的社会技能，真诚的道歉将会使人们感受到人与人之间最美好的情感。”所以，当男孩做错事情的时候，父母一定要让男孩学会道歉，学会承担后果，付出代价，这不仅仅是为了得到别人的原谅，也是为了让男孩从小建立责任感，这样对增强男孩的自律精神，对男孩将来顺利融入社会生活有着非常重要的作用。

1.让男孩学会道歉

生活中，父母也许会遇到这样的情况：孩子做错了事情，父母让孩子道歉，可他拒不道歉，于是父母一怒之下把孩子斥责或暴打一顿。要知道，父母的愤怒可能使他心里激起同样的愤怒反应。父母越是大吼大叫发脾气，他就越不愿意说“对不起”。甚至，他还会采取很暴力的手段反抗父母——气急败坏地踢人。或者他完全被父母的暴怒吓坏，完全不能够道歉。父母的暴怒行为不仅不会帮助孩子认识错误，反而会伤害孩子的自尊心。

小龙是个淘气的小男孩，到外面玩时，不是推倒邻家妹妹，就是一脚踢哭比他大的小哥哥，妈妈总是不停地解决小龙闯的祸，可小龙自己连个“对不起”都不说。

一次，爸爸带小龙到叔叔家做客，小龙和妹妹一起玩“过家家”，玩着玩着，俩人就为谁扮演警察而吵起来，小龙一把将妹妹推倒，妹妹哭着向小龙的爸爸告状：“他欺负我！”爸爸拉过小龙要他向妹妹道歉，小龙不说话。眼看爸爸伸出手就要打自己了，小龙不服气地说：“我错了，哼！”看着小龙一副不知错的模样，爸爸真是又急又气。

男孩因为年龄小，往往缺乏是非观念，经常不能正确认识到自己所犯的错误。加上男孩责任意识不足，通常在做错事后不懂得如何道歉。有时候来自父母的责骂能逼迫男孩说“对不起”，但实际上男孩并没有完全认识到自己的错误。所以，父母切不可对男孩动辄责备，应耐心地告诉男孩为什么错了，错在哪里，需要如何做才正确。只有男孩明白了这些道理之后，他们才会主动地认错道歉。

2. 父母要主动向孩子道歉

夏明的爸爸下班后看到自己心爱的茶具摔碎了，不分青红皂白地就把夏明给训了一顿，夏明委屈地大哭道：“东西确实不是我摔碎的。”爸爸的理由是：“我们家就三个人，不是你摔碎的是谁摔碎的？我早上离开家的时候还是好好的。”过了一会儿，夏明妈妈下班回来说，是她早上急着上班，不小心把茶具碰到地上，来不及收拾就走了，不是夏明的错误。可是夏明的爸爸鼻子里哼哼两声就走了，根本就没有和孩子说声对不起。

父母是孩子最好的老师，孩子的很多行为都是在模仿父母。当父母做错了事或是错怪了孩子，也应该真诚地向孩子道歉。传统的家庭观念认为父母向孩子道歉，会丧失自己的威严。所以，不少父母为了维护作为大人的面子，仍然坚持即使自己做错了也不向孩子道歉的行为。研究显示，父母向孩子道歉，不仅可以使家庭关系融洽，并且可以现身说法让孩子明白每个人都会有错的时候，道歉不是一件丢脸的事情。父母向孩子道歉，父母不仅不会因为道歉而丧失尊严，反而会让孩子更加尊敬。

3. 教男孩敢于承担责任

真心的道歉不是一种为自己狡辩的伎俩，更不是要去骗取别人的宽恕，道歉时你必须要有责任感，勇于自责，勇于承认过失，才能够真心地道歉。有些男孩明知道自己有错却百般抵赖，这是一种不负责任的表现。因此，父母应该教育男孩，让男孩明白只有懦夫才会逃避责任，一个真正有勇气的人，在自己犯了错误以后，会说明犯错的原因，但绝不会找借口逃避责任或者把责任推给别人。

让男孩懂得，宽恕别人的错误是美德

宽容是一个人应具备的基本素养，是一种智慧和力量，一个人如果学会宽容别人，也就是善待自己，你在宽容别人的同时，也使自己的心态变得淡然。法国著名文学家雨果曾说过：“世界上最宽阔的东西是海洋，比海洋更宽阔的是天空，比天空更宽阔的是人的胸怀。”从古至今，懂得宽容他人是做人的标准和信念。

1794年，法国大革命后期，国王路易十六和他的王后玛丽·安托瓦内特因叛国罪被处死刑，先后被送上断头台。

当玛丽·安托瓦内特知道自己还有6小时就会被处决时，她临刑托孤，写了一封遗书给路易十六的姐姐——法国伊丽莎白公主，请求她帮助照看自己未成年的一对子女。王后在信中倾诉了对孩子们的爱，希望他们长大后互相帮助，姐姐照顾好弟弟，表示自己将效仿之前被处决的国王丈夫，坚强地面对死亡。

她给才几岁的儿子留下的遗言是：“永远不要为父母的死复仇！”这也是路易十六死前留给孩子的话，夫妇二人不约而同地留下了宽恕行凶者的遗言。

古人云：冤冤相报何时了。这就是宽容，一种博大的胸怀。如果一个人心中装满仇恨，那么他的人生是痛苦而不幸的，人只有放下仇恨选择宽容，纠缠在其心中的死结才会豁然解开，心中才会出现安详、纯净的“爱之天堂”——恨能挑起事端，爱能征服一切。

宽容来自于内心，真正的宽容总是真诚的、自然的。当我们学会宽容的时候，我们就在超越自我，提升自我，使自己拥有洁净的心灵。

宽容是指一种非凡的气度、宽广的胸怀，体现了一个人的素养，表现了人的思想水平。能以宽容之心对待别人的人，在生活中能养成将心比心，推己及人的做人做事的习惯，这样的人，肯定是受人尊敬和欢迎的。

但遗憾的是现在的男孩，因为父母过于溺爱，他们总是以自我为中心，很少顾及他人的感受，对别人给自己带来的伤害总是耿耿于怀。例如，男孩在与小伙伴交往的过程中，往往容不下对方的小小过错。这种缺乏宽容他人的态度，使得他们很难与小伙伴形成良好的关系，甚至还可能被孤立。所以，父母一定要从小培养男孩懂得宽容他人的品质，使男孩成为一个能够宽容别人的人。

一个人宽广的胸怀不是天生的，是靠后天的培养和教育形成的。父母要从日常生活、学习中加以注意，抓住每一件可以教育的事情，不断对男孩进行宽容待人的引导和教育，逐渐使宽容待人的理念融入男孩的心中。

1.为男孩做出宽容的榜样

苏联伟大的教育家马卡连柯曾指出：“父母在开始教育自己的子女之前，首先应当检点自身行为。”想让男孩学会宽容，父母自己首先应有宽容的品质，同时父母要抓住教育契机善加引导，使男孩具有宽容他人的品质，并使男孩从宽容他人的过程中得到快乐。

有一位母亲，带着她的儿子到度假村去玩，那天去游玩的孩子较多，工作人员一时疏忽，将她的孩子留在了网球场。等工作人员找到孩子后，小男孩因为一人被遗留在空旷的网球场而受到惊吓，哭得非常伤心。一位满脸歉意的工作人员在安慰这个四五岁的小男孩。不久，男孩的妈妈来了，看见了哭得惨兮兮的孩子。这位妈妈蹲下来安慰自己的儿子，并且很理性地告诉他："已经没事了，那个姐姐因为找不到你而非常紧张，并且十分难过，她不是故意的。现在，你应该亲亲这个姐姐的脸，安慰她一下。"她的孩子踮起脚尖，轻轻地亲吻蹲在他身旁的工作人员的脸，并柔声告诉她："不要害怕，已经没事了。"

男孩心中宽容的种子往往需要父母用心去培育，只有宽容的父母才能教育出宽容的男孩。男孩最初是从父母那里学习待人接物的方法的。父母宽容、大度、遇事不斤斤计较，能与邻里、同事之间融洽相处，男孩就会学着父母的样子处理与同学之间的关系，也会变得宽容、友善，与人相处融洽。

2. 教男孩换个角度看问题

小强将一本新买的《火影忍者》漫画书带到了学校，他一下课就翻出漫画书高兴地翻阅起来。不巧，同桌起身时不小心把墨水瓶碰翻，墨水洒到了漫画书上，把一本精美的《火影忍者》漫画书弄得脏兮兮的，使漫画书无法继续看下去了。小强很生气，不但让同桌赔他新的《火影忍者》，还把这件事告诉了班主任。结果，小强的同桌被老师批评了一顿。

放学回家，当小强跟妈妈诉说这件事情的时候，妈妈严肃地对他说："谁都有不小心犯错误的时候，如果你犯了同样的错误，你的同桌大喊大叫，让你赔，还告诉老师，让老师批评你，你舒服吗？"

小强说："我会很难受的。"接着，妈妈又告诉小强："要和气、友好地待人，不能斤斤计较，尤其是对待同学，更要大度和宽容，像今天这样的情况，你应该原谅对方。这样，你才能成为受同学欢迎的人，成为快乐的人。"这件事给小强留下了深刻的印象，在妈妈的启发下，小强渐渐理解了宽容的含义，学着去宽容待人了。

在男孩与他人发生争执或矛盾时，父母可以教男孩学会从他人的角度来看待问题，让男孩把自己置于别人的位置来思考问题。这样男孩不仅可以了解别人的想法，还会赢得友谊。父母应该教育男孩经常自问："要是我处在这种情况下，我会怎么想呢？又会怎么做呢？""我现在应该为他做点什么，这样他的心里是不是会感觉好受一些呢？"这样，男孩往往会看到问题的另一面，从而养成其宽容的品质。

教男孩说"不"，做一个懂得拒绝的真男人

在当今社会中，存在着很多的生存条件。在与人沟通中，我们只有用良好的交流方式才会让自己平稳立足于社会中；只有学会掌握正确的度，才会让自己处于平静的生活里；在交往中我们也要学会拒绝，一味满足别人的要求容易让自己变得懦弱。正如一位哲人所说："学会拒绝，是一个人成熟的标志之一。"

李欣是某公司的职员，他平日里少言寡语，不善言谈。有一次，老板派给他一个任务：去催款。

李欣性格内向，不善于和别人打交道，催款这种事情他肯定做不来，应该交给能说会道、善于交际的人去做才对。李欣心里是这么想，却不敢说出来，也没有勇气拒绝老板，只好硬着头皮答应了。

来到目的地，对方热情款待李欣，酒桌上对方要李欣喝酒。李欣坚持自己的原则，一口也不喝，让对方下不了台。对方一气之下，编

了一个理由，把李欣打发走了。李欣没有完成任务，老板自然非常生气。老板说："如果你办不到，为什么还要答应？这是工作，不是游戏，逞什么英雄！"

案例中的李欣由于当初对老板提出的要求不好意思拒绝，最终没有完成老板交代的任务，受到了老板的批评。所以，我们应该学会适当地拒绝他人，对一些自己不想做、不该做的事都要敢于说"不"，这是维护自身尊严、保证自己利益的重要手段，也是人际交往的技巧。不懂得拒绝，你就会处于被动的境地，被人牵着鼻子走。

拒绝别人是一件很正常的事。生活中，我们要敢于拒绝别人，也要善于拒绝别人，但拒绝别人不是一件容易的事情，有些人在拒绝对方的时候，感到不好意思便用谎言推辞，这样会造成不必要的误会，给自己带来心理上的压力。特别是对男孩来说，拒绝他人有一定的难度，因为孩子语言表达能力还不完善或者有些男孩天生比较胆小，不敢向别人提出自己的不同意见，只能做着自己不愿意做的或者自认为不对的事情。所以，父母在教会男孩对事物进行正确判断后，更应该教会男孩怎么对别人说"不"。

乔治问父亲："世界上最难说的词是什么词？"

"我知道一个这样的词，它只有两个字母，但是它却是世界上最难说的词！"父亲说。

"只有两个字母！那能是什么呢？"乔治问。

"在所有的语言里，我所见过的最难说的词是只有两个字母的NO（不）。"

"您在开玩笑！"乔治喊道，他不以为然地说，"NO，NO，NO！这真是太容易了！"

"今天你可能觉得这个词说起来很容易，但以后你会明白为什么这个词是最难说的。”

“我总能说出这个词，我肯定能。”乔治显得很有信心，“NO，说出来就和呼吸一样容易。”

“好吧，乔治，我希望你能在该说这个词的时候，把它说出来！”

第二天，乔治和往常一样去上学了。在学校不远处有一个很深的湖，冬天孩子们常在那里滑冰。

一夜之间，冰已经覆盖了整个湖面，但冰还不是很厚。男孩子们认为到下午的时候就可以滑了。放了学，男孩子都跑到了湖边，有几个男孩子已经走上了湖面。

“来呀，乔治，”伙伴们大声喊道，“我们可以好好滑一圈了。”乔治有些犹豫，他看到冰冻得并不结实。

“放心吧！以前冰面也在一天之内就冻上过，肯定不会有问题的！”

“去年冬天还没有现在这么冷，但是湖面一天就冻上了，我们还在上面滑了呢！”

“只有胆小鬼才不敢下来呢！”伙伴们讥笑道。

乔治不能忍受伙伴们的嘲笑，他一直都认为自己是一个勇敢的小伙子。“我才不是胆小鬼呢！”他大声说道，然后就冲上了湖面。孩子们在上面玩得很高兴。慢慢地，湖面上的孩子越来越多了。突然有人大声喊道：“冰裂了，冰裂了！”结果刚喊完乔治就和另外两个孩子一起掉进了冰冷的湖水中。

当人们把他们救上来的时候，三个孩子都冻僵了。

晚上，乔治醒了过来，坐在温暖的炉火前，父亲问：“为什么不听我的话，要到冰面上去，难道我没有警告过你那是很危险的吗？”

“是他们要我上去的，我本来并不想那样做的。”乔治低声说。

“难道是他们拉着你的胳膊，把你拖上去的？”父亲接着问道。

“不，没有，但是他们嘲笑我是个胆小鬼。”乔治回答。

“那你为什么不说‘不’呢？你宁愿不听我的话，冒着失去生命的危险也不愿对人说‘不’吗？昨天晚上你说‘不’是最容易说的，但你并没有做到，不是吗？”父亲最后说道。

乔治回答不上来了，现在他终于明白了为什么最难说的词是“不”字了。

为了男孩的健康成长，为了他们能够有良好的社交关系，教会男孩说“不”是父母们不得不做的功课。父母要让男孩知道当他们遇到对方提出的一些不合理要求或者建议的时候，应该学会大声说“不”，以此拒绝别人不合理的要求。

1.让男孩直接说出理由

在生活中，父母要教导男孩，当不愿意答应别人的要求时，男孩可以直接向对方陈述拒绝对方的客观理由，理由包括自己的状况不允许、社会条件限制等。

2.教男孩委婉地拒绝他人的要求

在一些公开场合需要拒绝他人时，如果男孩生硬地拒绝他人，可能会给他人带来心灵的创伤。为此，父母可以让男孩学会如何婉转地拒绝他人。让男孩在拒绝他人的时候，言语稍微婉转一些。当然，在面对那些死缠烂打的人时，男孩的态度一定要明确，并且要坚决。

3.不是所有要求都要拒绝

父母应该让男孩明白，不是所有的要求男孩都要拒绝。比如，有同学向男孩请教学习上的问题，这时候如果男孩能够帮上忙，那男孩就不应该拒绝了。

4.鼓励男孩独立做事情

如果男孩已具备独立处理生活中小事情的能力，那么父母没有必要再包办代替。只有让男孩亲自处理生活中遇到的问题，男孩才能从日积月累的亲身经历中积累经验，增长才干，才能有能力对他人的行为做出接受与拒绝的判断。

5.坦然接受他人说“不”

既然男孩可以拒绝他人的要求，那么他人同样也可以拒绝男孩的要求。当男孩被别人拒绝时，父母也应该引导男孩，让男孩用一颗平常心去对待此事。也许他人也有自己的苦衷，因此父母要让男孩学会体谅他人的难处。

风趣幽默，尽显男孩的智慧

幽默是一种品位，一种人生态度。这种幽默感，能使人充满自信，使人直面种种压力和挑战，让生活变得多姿多彩。同时，幽默感还能“传染”给周围的人，使他们的生活充满欢声笑语。英国思想家培根说过：“善谈者必善幽默。”幽默的最大魅力就在于：话不需直说，却让人通过曲折、含蓄、幽默的表达方式心领神会。

“二战”结束后，英国女王伊丽莎白二世到美国访问。当记者问她对美国的印象时，女王回答道：“报纸太厚，厕纸太薄。”一句话让记者们哄堂大笑。但笑过之后，人们才发现伊丽莎白二世语言的尖刻。

这就是幽默的魅力，女王本来是想批评他人，但又不方便直说，所以用一种委婉幽默的方式表达了自己内心的想法，这不得不让人佩服伊丽莎白女王的智慧。

幽默不仅是说话技巧，更是一种智慧，这种智慧中蕴含着一种宽容、谅解以及灵活的人生态度。美国一位心理学家说过："幽默是一种最有趣，最有感染力，最具有普遍意义的传递艺术。"幽默的语言，能使社交气氛变得轻松、融洽。

作家马克·吐温就是一个机智幽默的人。有一次他去某小城旅游，临行前别人告诉他，那里的蚊子特别厉害。到了那个小城，正当他在旅店登记房间时，一只蚊子正好在马克·吐温眼前盘旋，这使得职员非常尴尬。马克·温却满不在乎地对职员说："贵地蚊子比传说中不知聪明多少倍，它竟会预先看好我的房间号码，以便夜晚光顾，饱餐一顿。"大家听了不禁哈哈大笑。结果，这一夜马克·吐温睡得十分香甜。原来，为了不让这位受众人喜爱的作家被"聪明的蚊子"叮咬，旅馆全体职员一齐出动来驱赶蚊子。幽默，不仅使马克·吐温拥有一群诚挚的朋友，而且也因此得到陌生人的"特别关照"。

言语表达幽默生动，这是一个人知识渊博和有智慧的表现。在交往中，幽默的语言如同润滑剂，可有效地降低人与人之间的"摩擦系数"，化解冲突和矛盾，并能使我们从容地走出沟通中可能遇到的困境。

幽默大师卓别林曾经说过："幽默是智慧的最高表现，具有幽默感的人最富有个人魅力，他不仅能与别人愉快相处，更重要的是他拥有一个快乐的人生。"的确，幽默是沟通最好的"清凉剂"，培养幽默感有助于彼此的沟通。在通常情况下，真正精于沟通的人，其实就是那些既善于引导话题，同时又善于使无聊的谈话变得风趣幽默的人。这种人在社交场上往往能够如鱼得水、左右逢源，可算是人际交往中的幽默大师。

幽默并不是成人的专利，孩子也应当适度展现自己的幽默感。然而，许多父母对孩子的幽默感并没有给予重视。他们认为，幽默是成年人的事，孩子有无幽默感是不重要的。其实不然。现代医学研究表明：孩子因富有幽默感而经常开怀大笑有助于肠胃功能的增强，机体免疫力的提高，而且幽默感会使孩子心胸开阔、富有朝气、思维活跃、头脑敏捷，能够帮助孩子更好地应对生活中的压力和痛苦，更开心地生活。

7岁的小东在上学前怎么也找不到手套，妈妈非常着急，他却对妈妈说："今天就不带手套了，偶尔'漏'一手也没关系！"小东的幽默话语不但迅速化解了当时的紧张气氛，也让妈妈一整天都心情愉快。

幽默是一个人机智的表现，它将人们对生活的领悟，以一种诙谐、有趣的方式表达出来，令人发笑，引人深思。幽默感不仅能使男孩自信，而且能使男孩在人际交往中巧妙化解危机，消除不利的因素。

著名幽默大师克瑞格·威尔森曾经说过："在我的成长过程中，幽默是生活中的七彩阳光，没有它，就没有我五彩缤纷的童年，也没有我充满欢声笑语、幸福无限的家庭。"每一个男孩都希望自己是受别人喜欢的人，他们都希望自己有一个良好的人际关系，而幽默感有助于人际关系的和谐。有幽默感的男孩能让自己有一种无形的亲和力，从而缩短与孩子们之间的距离，使男孩多获得一分信任，少一些敌意，添一些快乐，减一些摩擦。幽默感能帮他们淡化矛盾，消除误会，增加亲近感。

幽默是一种能力，是一种智慧，也是人生的润滑剂，如果父母渴望男孩将来幸福、快乐，就要从小培养男孩的幽默感。教会男孩合理运用他的幽默感，也就教会了他快乐的本领和与人相处的能力，让男孩在幽默中健康成长。

1.多给男孩讲一些幽默故事

有位母亲常常给儿子讲一些有趣的故事。一天，丈夫因单位加班，夜里很晚才回来。丈夫问她儿子几点睡的，她说："晚上9点就睡了。睡前我给他讲了一个笑话：馒头和面条打仗，馒头被面条狠狠地打了一顿，打得遍体鳞伤。馒头心想：有朝一日，我一定要报仇。一天馒头看见方便面了，不分青红皂白地把方便面一顿痛打，方便面带着哭腔说：'我俩无冤无仇，你干吗要打我呀？'馒头气呼呼地说：'你以为你烫了发，我就不认识你了？'"

丈夫听到这儿，哈哈大笑，把儿子吵醒了。只见儿子穿着小内裤从房间跑来，爸爸说："臭小子，你以为你不穿外衣我就不认识你了？"儿子睁着睡意蒙眬的眼睛，看着刚换好睡衣的爸爸说："您以为您换了睡衣我就不认识您了？"一句话就把爸爸逗乐了。

事实证明，男孩听多了幽默故事，自然能够模仿、吸收幽默故事中的幽默点子，也会逐渐变得幽默起来。生活中，父母可以多给男孩讲讲幽默故事、机智故事、脑筋急转弯等，从而训练男孩思维的敏捷性，丰富男孩的词汇量。父母可引导男孩通过改编幽默故事、电影、电视剧的情节或添加令人捧腹大笑的结局，来激发男孩的幽默感。

2.让男孩乐观地面对一切

幽默感可以培养男孩的乐观精神，如果一个人能以幽默的方式面对他以前的不快记忆或者当前的痛苦事件，这样就可以改变他的观点，让生活中到处充满笑声，这样人们便可以更有效地去减轻痛苦。

晚饭后，母亲和女儿一块儿洗碗盘，父亲和儿子在客厅看电视。突然，厨房里传来打破盘子的响声，然后一片沉寂。儿子望着父亲，说道："一定是妈妈打破的。""你怎么知道？""她没有骂人。"

一个人是否有幽默感有先天的因素，不过后天的培养更加重要，家庭环境会潜移默化地影响男孩。父母平时跟男孩相处，不仅影响男孩的性格养成，也包括幽默感的养成。如果父母本身没有一点幽默感，却老埋怨自己的孩子不幽默，也是不正确的。父母可以通过一些幽默的教育手段来培养男孩的幽默感，例如，孩子哭闹时，父母除了常用的一些安慰手段外，也可以用"宝宝，你瞧你哭得像小花猫，鼻涕流得像瀑布，多难看啊"这种诙谐的语言来安抚他，比起单调的哄逗，这样做不仅可以很快转移男孩的注意力，使男孩破涕为笑，而且还可以使男孩学会幽默的语言，培养良好的心态。

3.做一个善于发现幽默的父母

孩子是父母生命的延续，是父母最真实的写照，在潜移默化中，父母的许多特点在孩子身上都会得到再现，所以首先父母应该具有幽默感。

日本大作家大江健三郎在他的文章中提到自己小时候很怕死，有一次因病住院，哭闹不休，不肯让家人离开。后来母亲对他说："放心吧，如果你真的死了，我会把你再生出来！"于是，他安心了。不久，母亲又说："假如将来的你生出来，一定要叫他好好学习现在的你。"从此，他格外注意自己的言行，为将来的"自己"做好榜样。母亲这样智慧的教导方式，将他的消极情绪转化，使他不但不再惧怕死亡，而且充满期望。

父母要让男孩明白，乐观是幽默的精髓。培养男孩乐观的心态，最重要的是不论男孩遇到什么样的困难，父母都应站在男孩一边，给予鼓励和支持，要帮助男孩积极进取，只有这样，才能教会男孩以正确方式保持乐观的心态。

第五章 养成教育，重视培养男孩的良好习惯

制订计划——学会有条理地做事学习

中国有句古话："凡事预则立，不预则废。"古语一针见血地指出了计划的重要性，凡事只有做好了计划才能取得满意的效果，否则就可能导致失败。

计划，是人们在工作或付诸行动之前预先拟订的具体内容和步骤，也是未来的行动方案，计划就是行动指南。有一项调查显示，在现实生活中，只有不到3%的成年人会一本正经地写出他们的计划，并在每天工作开始之前核实自己的计划。还有一部分人甚至从小时候起就开始计划他们的人生了，在他们看来，要想获得成功似乎非常容易，只需要按部就班地按照计划进行就行了，他们所获得的成就足够令我们惊讶，他们是当之无愧的杰出的人。

法国著名文学家雨果说："有些人每天早上制订好一天的工作计划，然后照此实行，他们是有效利用时间的人。而那些平时毫无计划，靠遇事现打主意过日子的人，只能用'混乱'二字来形容。学习也是一样，有计划的人，不仅学习有条理、有顺序，而且要有目标、有方向。这样当然效果会比没计划随意学要好得多。"做事有计划对于一个人来说，不仅是一种做事的习惯，更重要的是反映了一个人的做事态度。是否有计划是能否取得成功的重要因素。对于孩子来说，做事有计划同样是非常重要的。它可以帮助孩子有条不紊地处理事情。

放学了，刘洋背着书包回到了家。爸爸妈妈还未下班，他想起有很多作业没做，于是独自一人把作业都拿了出来。先写哪一门呢？他翻翻语文，看看数学，再瞧瞧英语，过了好一会儿，终于决定要先做数学，但是刚开始不久，就碰到了一道难题，他想了一会儿，觉得毫无头绪，于是又打开了语文作业。没过多久，爸爸妈妈下班了，看见刘洋一个人在写作业，非常高兴，夸了他两句便去厨房做饭去了。作业毕竟是枯燥乏味的，没过一会儿，刘洋突然想起了放动画片的时间到了。昨天的剧情不知道发展到哪儿了？刘洋一心想把作业写完了再去看电视，但是书上的字仿佛全都变得不认识了似的，眼前仿佛晃过了动画片的情节。刘洋再也忍受不了这种折磨啦，坐到了电视机前。

吃过晚饭，刘洋又自觉地坐到书桌前，突然想起前些天看过一个手工制作飞机模型的方案，觉得很有意思，于是翻出了那本书，津津有味地看起来。时间不知不觉就过去了，爸爸妈妈过来催促刘洋早点写完作业好好休息。刘洋看了看摊在桌上的只做了一半的作业，叹了一口气道："唉，时间怎么就不够写作业的？"

是刘洋不用功吗？是刘洋不自觉吗？是刘洋笨吗？其实都不是。问题在于刘洋没有很好地规划时间，做事情不够专心，所以效率比较低。因此刘洋应该制订一份周密可行的学习计划，严格按照计划去执行。

后来，在妈妈的帮助下，刘洋制订了一份合理可行的学习计划，从此以后，刘洋的这些"烦恼"统统解决了。刘洋不仅生活变得有条理起来，成绩也显著提高了。

我们做任何事情都应该有计划，只有这样事情才能够有条不紊地进行下去。而做事有计划是一种习惯，在孩子的成长教育过程中父母要有意识地帮助孩子养成这种习惯，这是一件对于孩子的一生都非常有意义的事情。

做事有计划不仅是一种能力，更是一个人习惯的一部分。高尔基说："不知明天该做什么的人是不幸的。"提高计划观念和计划能力，能使孩子成为有条理地安排学习、生活和工作的人。这种计划观念和计划能力，每个孩子都应该学习和具备，这对其一生都有好处。

孩子做事有计划是父母的愿望，然而让孩子真正付诸行动却没那么简单。因为即使是大人也很难做到有计划地去做每一件事，更别说自制力相对来说还比较差的孩子。所以说，培养孩子做事有计划的习惯，既是在锻炼孩子，同时也是在锻炼父母。父母应注重从小培养孩子做事情的计划性。

1.指导孩子做计划

在生活中，有很多孩子做事没有计划，想起什么做什么，往往是做了这件事，忘了那件事，到头来什么事情也做不好。孩子做事没条理、没计划，说明孩子的逻辑思维能力不强，处理问题缺乏系统性。所以，父母要教会孩子做事之前要先做计划。

2.让孩子严格执行计划

计划一旦制订后，父母必须让孩子按计划办事，计划不能随意更改，也不能半途而废。有些父母只注重给孩子订计划，却没有督促孩子执行和坚持。如：父母本来订好孩子6点起床，看到他还睡得很甜，就延长半个小时，由父母把孩子起床后应该做的事情代办了；订好做作业时不能看电视，结果孩子没有做到，父母也没有及时批评或阻止，等等。这样孩子会认为计划是可以随时更改的，可以不按照计划行事甚至不用订计划。

制订了计划不去执行，等于没有计划，甚至比没有计划更糟糕。因为这样很可能让孩子养成一种不好的习惯，并且缺乏执行计划的行动力。

在日常生活中，父母要向孩子强调计划的重要性，并给孩子的各项行为制订一些计划。计划制订后就不要轻易改变，关键是要落实。父母应要求孩子严格按照计划执行每一件事，并且长期坚持下去，要讲清楚这样做的道理，使孩子愿意遵守规定，乐于执行计划。长此以往，不仅能培养孩子良好的做事习惯，还能培养孩子做事坚持到底的意志品质。

3.完成计划要给予奖励

如果孩子能够完成计划，父母可以适当地给予奖励。奖励的内容最好征求孩子本人的意见，可以在周末陪孩子去游乐园，可以陪孩子吃一次麦当劳，也可以在经济条件许可的情况下，给孩子买一份他喜欢的礼物。奖励是一种父母为孩子庆祝的方式，父母一定要让孩子感到欢乐。

文明讲话——改掉男孩说脏话的坏习惯

父母不要以为小孩子就不会骂人、说脏话，其实，孩子是在模仿中长大的，从第一次喊“爸爸、妈妈”开始，慢慢地学会了说话，但是，随着他们语言能力的增强，一些孩子不该说的脏话、粗话，也随之出现了。

阳阳曾是个活泼可爱的小男孩，但是现在变了。他在跟别人说话的时候，常会冒出一两句脏话来，比如“你是蠢猪啊！”“赶快滚开”之类的。一次，妈妈带他一起去参加朋友聚会，他带了一个变形金刚去玩。有一位姓王的阿姨见他可爱，就跟他说：“阳阳，你的变形金刚怎么玩，教我好不好？”阳阳很爽快地答应了，然后和王阿姨一起玩。阳阳教了王阿姨几遍之后，王阿姨装作还是不懂的样子，故意逗阳阳，结果他不耐烦了，抢过自己的玩具，说了一句：“你怎么笨得像猪一样，赶紧滚开吧！”听到之后，妈妈当时真的是超级尴尬，王阿姨脸上的表情也瞬间定住了，然后假笑了几声，去了洗手间。

妈妈随即严厉地教训了阳阳，他也哭着承认了错误，并保证不再说此类的话。可是，还没过一天，他嘴里又开始蹦出脏话了。

在现实生活中，孩子说脏话的现象并不少见。而当孩子突然说了脏话，父母在吃惊之余，让孩子认识到骂人的坏处了吗？父母是否注意到平时的生活环境对孩子的影响，以及是否注意对孩子文明礼貌方面的教导？

生活中，成人说脏话，听的人习以为常，没有人会去思考脏话的含义，顶多觉得厌恶，话不投机，扭头走开了事；脾气大的人会恶语相向，甚至产生暴力冲突。但对于好奇、好模仿，而又入世未深的孩子，脏话也成了他们学习、模仿的参考资料。

有人做过一份调查，主要内容是研究孩子说脏话的现状。接受调查的对象是200名小学生。调查结果从总体数字看，有62.5%的学生平时经常说脏话，有些学生因一点儿小矛盾就开骂，有的已成习惯，张嘴就带脏字。调查结果告诉我们，当前小学生骂人现象比较普遍，这不得不引起父母的重视。

一位母亲有两个儿子。一天，11岁的大儿子发现弟弟在自己的房间里使用电话，便大声吼道：“快把我的电话放下，你这蠢货！”

接下来，出乎这位母亲意料的是，她听见大儿子对弟弟破口大骂，说了一些粗鲁的、难听的话，这些话她在家中根本没有听到过。

年仅7岁的小儿子被吓住了，哭着跑到妈妈身边寻求保护。

这位母亲走进大儿子的房间，严厉地责备他道：“你没有权力这么骂你的弟弟，你的行为是很不礼貌、很没教养的。”

更让这位母亲伤心的是，大儿子居然不以为然地耸耸肩，慢条斯理地说："我的一位朋友在和他的妹妹争执时也是这么做的。"

母亲坚定地说："在他们家也许可以这么做，但在咱们家这样的事情是不允许发生的。"

的确，孩子骂人、说脏话，这样会令父母头疼。但父母也应该认识到，在孩子成长的过程中，几乎所有的孩子都骂过人，因为这是成长的必经阶段。一般来说，造成孩子骂人的原因主要有三个：一是孩子对于事情没有是非对错的概念，他们说脏话都是无心之举，只是觉得好玩，就开始说脏话；二是孩子模仿他人说脏话时没有得到父母的有效制止，孩子说脏话的行为也就逐渐转变为一种习惯；三是被迫说脏话，因为孩子的自我意识还不是很强，于是他们就会用学来的某些语言来形容事物，或者是用脏话来发泄自己的情绪，比如，对于反应慢的小朋友，他们就会用"笨猪"来形容。

说脏话是一种不文明的行为，是缺乏教养的表现，它直接影响到人与人之间的交往。但是，有些父母却对孩子说脏话的行为视若无睹，尤其是对那些刚开始学说话的幼儿，听到他们偶尔学说一两句脏话时，父母甚至感到很有意思，这是非常错误的，日久时长，孩子就很容易养成说脏话的恶习。对此，父母一定要引起重视，要从小纠正孩子说脏话的习惯。

1.及时制止孩子说脏话

小亮的家里有一个不成文的规定：谁要是说脏话，其他人就用尖锐的眼神盯着他，直到他认错为止。这个方法是妈妈想出来的。有一次，小亮和一个同学发生了不愉快，回家就向妈妈发牢骚，并说了几句很不好听的话。妈妈当即用很尖锐的眼神盯着小亮，小亮意识到是自己说了不该说的话，赶忙认错了。

当孩子在父母面前说脏话时，父母应及时予以制止。因为如果父母一开始就对孩子说脏话的这件事采取否定的态度，孩子会敏感地从你的眼神、表情和语言中捕捉到信息："这句话是不可以说的！"因此，对于经常说脏话的孩子，父母可与孩子达成一种共识：当孩子因气愤而想用说脏话发泄时，父母用某种事先约定好的语言或眼神暗示孩子，孩子这时就会冷静下来。孩子在这种情况下，冷静一分钟，就会明白如何文明地表达自己的意思，把不文明的语言过滤掉。父母坚持这种教育训练，有利于逐步纠正孩子说脏话的不良习惯。

2.正确引导，摆正态度

小强是一个爱说粗话的孩子，特别是对待爷爷奶奶很不礼貌。一个周末，妈妈说要带他去爷爷家玩，小强不愿意去，随口便说："老家伙家里没有网络，我才不愿意去呢！"妈妈听了非常生气，严肃地对他说："你可以不去，但是你说的这句话我不能接受，换个词再说一遍！"小强看到妈妈那张严肃的面孔，低着头说道："爷爷家里没有网络，我不愿意去，可以吗？" 通过这个方法，慢慢地，小强知道哪些话该说，哪些话不该说，现在小强的坏毛病已基本上改掉了。

孩子说脏话时，父母不妨通过这个契机，帮助孩子树立正确的是非观念，告诉他哪些词是不好的，别人不喜欢听，不能说；哪些词是好的，大家喜欢听，可以说。孩子只有把好的和坏的词都学到了，才能正确树立是非观念。另外，在批评孩子的时候，父母要注意用词文明，不可以在批评中也掺杂脏话、粗话。

3.教育孩子正确对待与他人的摩擦

5岁的男孩童童和邻居家儿子亮亮在花园里一起玩耍时，童童搬着小椅子不小心碰到了亮亮。童童并没有在意，继续玩耍。这时，亮亮冲上来对童童破口大骂，此时，亮亮的妈妈正在不远处和别人聊天，看到后，马上过来制止亮亮。亮亮气呼呼地说："谁让他碰我了，他碰我，我就骂他！"妈妈很生气，不由分说地打了儿子一巴掌。这下好了，亮亮闹个不停了。对儿子这样的骂人行为，亮亮妈妈打也打过，训也训过，就是没能把亮亮骂人的坏习惯纠正过来，对此她感到很苦恼。

从这个事例可以看出，孩子说脏话，父母通过打骂的方式来教育孩子是解决不了问题的。要知道，在多数情况下，孩子骂人是对自己受到伤害的一种直接反应，如：东西被他人偷走、撞倒时，孩子往往就会骂人。父母应教育孩子以善良之心看待与他人的摩擦，让孩子明白他们身边随时都会发生不愉快的事情，使孩子学会宽容他人的过失，不要为这些小事而生气和赌气。

4.父母要做孩子的榜样

有一个上小学的男孩，满口脏话，经常欺负女生，甚至对女老师也很不恭敬。班主任联系了孩子的妈妈，没想到他的妈妈却对老师哭诉这孩子如何对她无礼。班主任于是苦口婆心地教育了这个孩子，但收效甚微。有一天，班主任到孩子的家里去家访。开门的是孩子的父亲，班主任便随口问了声孩子的母亲在哪里，孩子的父亲则轻蔑地说："还瘫在床上呢，死猪婆！"班主任马上就明白了导致孩子不讲礼貌的根本原因！

父亲当着孩子的面如此侮辱自己的妻子，而且不顾有外人在场，孩子怎么可能讲礼貌呢？班主任非常愤怒，当着孩子的面，批评了他的父亲，这位父亲也意识到自己的行为对孩子的不利影响，后来学会了尊重妻子，不讲粗话。这个孩子也越来越懂得礼貌了。

其实，孩子说脏话与大人有一定关系。有些父母生气批评孩子时粗话脱口而出，这不但伤害了孩子，也可能成为孩子的负面教材。父母说脏话虽然有时是不经意之举，但耳濡目染，孩子慢慢也就学会了。因此，父母应该提高自身的修养，为孩子做表率。如果父母可以管住自己的嘴不说粗话，相信只需要不长的一段时间，孩子一定可以改掉讲粗话的坏习惯。

讲求效率——与拖拖拉拉彻底告别

生活中，我们每个人都有拖拉的毛病，如：做一件很重要的事或去见一个很重要的人的时候，因为紧张而拖；在去面对自己不愿意面对的事情的时候，因为抗拒而拖；在不确定自己是否把工作做得尽善尽美的时候，因为过于追求完美而拖……而有些人，因为总是拖延，结果拖成了他一生的坏习惯。

拖延的恶习，并不是天生就有的，而是在后天的环境中逐渐形成的。男孩一旦养成这种做事拖延的恶习，不单会导致他学习不积极，还会成为他以后成功的绊脚石。

陈凯是个让人心急的“小磨蹭”，做起事来总是慢吞吞的。不论吃饭、穿衣、洗碗，还是画画儿、写字、做游戏，他都是边玩边干，磨磨蹭蹭。让他自己洗一次脸得用半个小时。每当他需要为某些事做准备时，比如上学、洗澡、去亲戚家，如果妈妈不催他，不冲他大叫

"现在，现在就做！"他是绝不会立刻行动的。妈妈也曾试了好多方法来帮陈凯改掉磨蹭的坏毛病，但效果都很不理想。

生活中，相信很多父母都遇到过这样的情形：孩子起床后还磨磨蹭蹭，没有时间观念，父母在一边干着急，孩子却无动于衷，我行我素。遇到这种情况时，有的父母干脆代劳，替孩子完成分内的事情，性子急的父母甚至强制孩子执行自己的命令，甚至和孩子产生冲突。久而久之，这种做法就容易造成孩子被动型人格的形成，影响孩子心理的健康发育。

磨蹭、拖延对男孩的成长危害很大，它会消磨男孩的意志力和进取心，让男孩变得懒惰、颓废、得过且过，这样就容易导致男孩的失败，而这个失败的结果又会使男孩情绪消极，容易出现身心疾病，从而使男孩变得更加拖延。在这样的恶性循环中，成功也会远离男孩。

男孩做事拖拉，多源于家庭教育环境的影响和良好教育方式的缺失。在日常生活中，一些父母对男孩过于溺爱，凡事都依着男孩，男孩开始出现做事拖拉的迹象时，父母也没有及时采取措施帮助男孩纠正坏毛病，同时一些父母自身做事不遵守时间观念，也在无形中影响男孩的行为习惯，因而要男孩纠正做事拖拉的毛病，父母首先要以身作则，为男孩做表率。

对于做事拖拉的男孩，不少父母总是心急如焚，男孩的慢性子并不是天生的，所以父母要对症下药，逐渐帮男孩改掉拖拉的坏习惯。

1.为男孩树立竞争对手

父母可以帮男孩树立竞争对手，甚至可以直接把自己作为男孩的比赛对象，利用男孩的好胜心理加快其处理事务的速度。

一位母亲曾这样写道：

从儿子上幼儿园起，我就有意识地诱导他，让他经常和小伙伴展开竞赛：比速度、比勇敢、比仔细等，让孩子在竞争中逐步认识到自己的能力，养成敏锐捕捉信息并做出反应的思考力和行动力，在家更是如此。

“儿子，看看咱俩谁穿衣服穿得快！”

“儿子，咱们全家来个大比赛，今天谁吃饭吃得最慢，谁就去洗碗，好不好？”

……

现在，儿子适应了这种生活节奏，慢慢地也就养成了做事讲效率的好习惯。

2.让男孩为自己的磨蹭付出代价

男孩只有在体会到磨蹭会给自己带来损失之后，他才能够自觉地快起来。因此，让男孩为自己的磨蹭付出代价，让男孩自己去品尝磨蹭的后果，不失为一个改掉男孩磨蹭毛病的好方法。

小刚是个爱睡懒觉、做事磨蹭的孩子，每天早晨，妈妈叫一次不起，叫两次还不起，等到叫第三次的时候才慢腾腾地起来，一看表，才知道要迟到了，就哭闹着让父母帮忙。

一个星期一的早上，妈妈叫了小刚一遍，就不再理会他了。过了一会儿，小刚自己爬起来，发现早就迟到了，就喊父母帮忙。但这次妈妈和爸爸商量好了，他们谁都没帮忙，小刚只好自己胡乱把书本往书包里一塞，就狂奔着上学去了。可想而知，小刚最后迟到了，还没带家庭作业，让老师狠狠地训了一顿。从此以后，小刚动作快了许多，也不再睡懒觉了。

可见，孩子尝到了磨蹭给自己带来的害处，以后磨蹭的次数自然就会逐渐减少。

细心认真——与马虎大意说“再见”

粗心、马虎是一种常见的毛病，许多成年人也避免不了。一般说来，粗心大意的毛病在男孩身上表现得特别明显，对男孩的影响也是较大的。生活中丢三落四，就小处而言，容易导致学习上错误百出；从长远来说，会影响到事业的成功。纵观成人中的粗心者，粗心、马虎的毛病多是从小养成的。

李忠是个聪明的孩子，但也是个粗心的孩子。他妈妈说，儿子在考试的时候，常常是附加题都做对，而简单的计算题却失分很多。妈妈还发现，儿子经常会把b与d、p和q、+与×等混淆，做题目的时候还会看错数字，漏掉题目。

而生活中的李忠，做事马虎，经常丢三落四，时常忘记带笔记本或作业，他的房间和书桌凌乱不堪，却不许妈妈收拾，常常为找东西而把房间翻得一片狼藉。为此，妈妈很头疼。

帮助男孩克服粗心的毛病是一件细致的、艰难的工作，但是只要父母和男孩共同努力，相信男孩一定能够克服粗心的毛病！

1.让男孩的生活有条理

男孩子粗心的毛病不是一天养成的。如果男孩从小就生活在一个无序的家庭中，没有固定的作息时间，没有一个好的生活习惯，那么男孩做事丢三落四、马马虎虎的毛病就会成为“家常便饭”。所以，父母要引导男孩养成整齐有序的生活习惯。在生活上，让男孩养成妥善保管自己物品的好习惯。学习上，要让男孩养成当天的作业当天完成，做完作业要检查，课前要预习，课后要复习等好习惯。生活、学习都井然有序地进行，男孩粗心大意、马马虎虎当然也就是少有的现象了。

2.从培养男孩的责任心做起

男孩做事不细心，最根本原因是缺乏责任心。一个有很强责任心的人，做任何事情都不可能马虎、粗心。所以父母要培养男孩做事细心的习惯，首先要从其责任心的培养做起。有了责任心，他自然能够小心谨慎地对待每一件事情，从而改掉马虎的毛病。

父母应该从小让男孩做一些他力所能及的事，小的时候让他收拾好自己玩的玩具，大一点时让他帮着洗碗，让他负责扫地或者擦桌子，这都是他的责任，干好了父母要给予鼓励或奖励，干不好就要要求他重来一遍，直至干好为止。总之，让男孩对自己的事情负起责任来。这样，就能逐渐地培养起男孩的责任心，有责任心的男孩在遇事时就不会敷衍了事。

3.多给男孩正面的心理暗示

如果男孩犯了一点错误，父母就将错误原因简单归结为粗心、不用功，甚至小题大做地批评男孩一通，男孩就会形成一种意识，觉得自己就是一个粗心的人。相反，父母经常表扬男孩细心，那么，在男孩心里就产生一种“我很细心”的心理暗示。如果我们努力去寻找男孩的细心点，并肯定他、鼓励他，男孩便会感觉自己真的很细心。同时父母要让男孩看到细心的好处，从而使其产生克服粗心的主观能动性，这样才能从根本上解决问题。当男孩的心越来越细的时候，细心便成了男孩的一种习惯。

热爱劳动——对孩子进行劳动教育

劳动，是人区别于其他动物的基本条件，人类能够繁衍生存下去，是离不开劳动的。不管社会怎样进步、科学怎样发展，劳动永远是人们创造财富与幸福生活的根源。现代社会的父母，都应重视培养男孩的劳动能力。在家庭教育中，劳动教育是必不可少的。因为劳动观念的培养、劳动技能的掌握，是男孩成才的必要条件。

据报道，德国制定了法规，规定孩子必须帮助父母从事家务劳动。6～10岁的孩子应帮助父母洗碗、买东西、扫地；10～14岁的孩子要参与整修草坪、花园的劳动；14～16岁的孩子要帮助父母清洗汽车、参与园艺劳动；16～18岁的孩子每周要参与一次家庭大扫除。世界各国小学生每日劳动时间普遍比中国小学生多。据统计，美国小学生每日劳动1.15小时，泰国小学生每日劳动1.18小时，韩国小学生每日劳动0.7小时，英国小学生每日劳动0.6小时，中国小学生每日劳动0.2小时（即中国小学生每日劳动时间只有12分钟）。

可见，中国孩子与外国孩子在独立意识、自主能力和吃苦耐劳精神等方面表现出较大差异，这不由得让人担心，如果我们培养出来的下一代是轻视劳动、缺乏劳动技术能力的一代，那么将来他们靠什么去生存立足，又怎么能担当起建设国家的重任呢?

因此，父母应该从小注重培养孩子的劳动意识、劳动实践能力，让孩子在劳动中体验快乐和喜悦，这对孩子的成长十分有利。事实上，很多取得成功的人，他们成绩的取得与父母小时候对他们的劳动教育是分不开的，就如获得诺贝尔奖的生理学家巴甫洛夫，他的父亲从小就对他进行严格的训练。

巴甫洛夫的父亲十分重视对孩子的劳动教育。他认为，给孩子一双勤劳的手就好比给了孩子一双立足于社会的脚，没有什么事情比拥有勤劳的美德更让人愉快的了。

当巴甫洛夫逐渐长大的时候，父亲把巴甫洛夫带到地里，指着一块翻好的地说：

“儿子，今天我们来种菜吧。”

“可是爸爸，我不会呀。”巴甫洛夫说。

“没关系，不会爸爸教你。”

于是，巴甫洛夫扛着小铲子跟着爸爸种了一天的菜。过了不久，当他们种下去的菜都长出了鲜嫩的叶子，父亲又带着巴甫洛夫来给菜浇水除草。

后来，父亲又教巴甫洛夫做木工活。爸爸买来了凿子、锯子，先给儿子做了个精美的小板凳，然后告诉儿子板凳是怎么做出来的，巴甫洛夫便跟着爸爸认真地学了起来。没多久，巴甫洛夫就可以自己做简单的家具了。

除了亲手教巴甫洛夫种菜、做木工活外，父亲还教他养花、除草、给树木嫁接。巴甫洛夫在父亲的言传身教下，从小养成了不怕苦、不怕累、坚持自己动手把活干完的良好习惯。这种从童年培养起来的勤劳和耐性，成为巴甫洛夫在科学领域中取得巨大成就的重要因素。

由此可见，从小培养男孩的劳动习惯，对于男孩的成长是极有好处的。劳动不仅能够造就一个人，而且能够给人以快乐和幸福。

我国著名教育家蔡元培先生曾说："劳动是人生一桩最紧要的事情。"法国著名作家法朗士也说："劳动是人类唯一真正的财富。"所以劳动对每个人都是很重要的一件事，男孩当然也不例外。从小就培养男孩热爱劳动的习惯，是对男孩自主能力的一个很好的锻炼，对其以后的成长和发展起着决定性的作用。

热爱劳动是一种好的习惯。英国著名教育家洛克雷说过："一切教育都归结为养成儿童的良好习惯，往往自己的幸福都归结于自己的习惯。"应该说，劳动习惯的养成，是男孩今后获得幸福的重要保证。为了男孩的幸福，父母一定要从小培养男孩爱劳动的习惯，对男孩力所能及的事不要大包大揽，让男孩自己动手操作，不会的事情学着做，会做的事情经常做，只有这样，男孩才能健康地成长。

1.舍得让男孩劳动

我们常常会看到这样的父母：当孩子对劳动产生兴趣时，父母却对其百般阻止，殊不知，父母对孩子的"不舍得"，在孩子眼中却是"不信任"的表现，这是对男孩劳动意识的扼杀，也是对男孩劳动积极性的打击。

有个中学生回老家看望80岁高龄的姨母，想为老人做点事，但老人不让干。一清早，孩子去喂鸡。老人见了，一把夺过饲料说："大清早的，谁让你干这活儿，回屋去。"下午，孩子去扫院子，老人又说："天这么热，日头底下晒不得，快进屋看书去。"

许多男孩的无能和懒惰，就是在父母的过度保护中逐渐形成的。所以，父母遇到这种情况时，一定不要阻止男孩，应该抓住这个引导、教育男孩劳动的大好机会，父母不仅要耐心地去教孩子，而且要告诉男孩劳动的正确方法和技巧，还要提醒男孩注意安全以及如何在劳动中保护自己。

只有这样循循善诱，父母才能让男孩始终保持对劳动的热情，从而更好地培养男孩的劳动能力。

2.对男孩多鼓励和表扬

周末的一天，小聪的妈妈加班，回到家已经很晚了，她看到厨房里热气腾腾的，餐桌上放着一碗炖豆角，电饭煲里的饭也是热的。她看了一眼问："小聪，这饭是谁做的？"小聪说："妈妈，是我做的。"妈妈说："做菜的钱是哪来的？"小聪说，是用自己的零花钱买的。妈妈看着眼前的一切，听着儿子的话语，不由得心里产生了一股暖流，激动得眼泪在眼眶里打转。虽然小聪做的饭由于水放得少，饭是硬的，但是妈妈吃到嘴里，却甜在心上。她及时地鼓励小聪说："儿子做的饭最好吃，下次再做饭时，如果再多加一点儿水就更好了。"听到妈妈的表扬，小聪非常高兴，说："妈妈，明天我还给您做饭。"

对孩子的劳动成果，父母应及时地表扬和鼓励。受到鼓励的孩子就会在以后的生活中继续帮助爸爸妈妈做家务劳动。这种表扬与激励的方法更容易让孩子保持热爱劳动的好习惯。

3.让男孩学会做家务

美国第34任总统艾森豪威尔很小的时候，就在母亲的指导下，学会了做家务。在学习之余，艾森豪威尔不仅要砍柴、做饭、打扫卫生，还要在自家的空地里学种蔬菜，参与家庭劳动。

有一年，艾森豪威尔的弟弟染上了猩红热，全家人顿时紧张起来，猩红热是一种传染病，病人必须和家里人隔离开。于是，父亲便和几个孩子挤着住在楼下，由母亲来照看弟弟。由于父亲要每天工作，两个哥哥又在外地打工，其他的几个孩子年龄尚小，所以母亲就把烧水做饭的事情交给艾森豪威尔去做。小艾森豪威尔以前根本不会做饭，但是在这种情况下，他也只有硬着头皮去做饭了。

刚开始，母亲手把手地教他生火、切菜、做饭的一整套程序，每天把要做的饭菜都准备好，小艾森豪威尔便开始一个人在厨房里忙活起来。凡事都是被逼出来的，他虽然从来没有做过饭，但对做饭还是感到很新鲜有趣的，所以就做得很认真仔细。刚开始的时候艾森豪威尔的厨艺不精，做出来的饭菜常常让家里人难以下咽。但母亲每次都吃得很起劲，还鼓励他说，做得很好吃，让他继续努力。经过一段时间的磨炼，艾森豪威尔的厨艺有了很大的提高，还练就了几样拿手好菜，看到家里人每天大快朵颐的样子，他高兴极了。

从此以后，艾森豪威尔便承担起了家里做饭的任务。上中学的时候，有一次，学校组织全校学生出去郊游，由他来负责给大家烧饭。凭着母亲教给自己的手艺，他做了一顿丰盛的野餐，令同学们赞不绝口。这也使他深深体会到，只有依靠艰苦的劳动，才能改变生活和创造财富，赢得他人的赞赏。

直到晚年，艾森豪威尔常常津津乐道地向别人讲述自己少年时期做饭的经历。

做家务是培养男孩劳动能力的好办法。父母适当地交给男孩一些工作，让男孩学着做些简单的家务，这样不仅能减轻父母的负担，更是一种教育和引导男孩的好办法。通过劳动男孩也可以充分体会到父母平时的辛苦，也能够使他们学会自我负责、生活自理、做家务的能力。

专注——让男孩专心做好每一件事

专注力是一个人专心于某一事物或活动时的心理状态。保持良好的专注力，是大脑进行感知、记忆、思维等活动的基本条件。当一个人让自己全身心地专注于某件事上，便能最大限度地发挥他的积极性和创造性；如若专注力差，往往会影响一个人做事、学习、工作的效率。

大文学家罗曼·罗兰有一次去参观著名雕塑家罗丹的工作室，欣赏他刚完成的作品。可是来到雕像前，罗丹发现还有几处地方不满意，于是拿起凿子就修改起来，口中念念有词，仿佛那座雕像是他的朋友。两个小时后，雕像修改完毕，罗丹满意地瞧了自己的作品一会儿，然后就要大摇大摆地离去，差点把他的朋友锁在屋里。

可见，专注于自己所做的事就是成功的第一要素。一个专注的人，往往能够把自己的时间、精力和智慧全部凝聚到所要干的事情上，从而最大限度地发挥其积极性、主动性和创造性，实现自己的目标。对孩子来说更是如此，只有善于克制自己，把精力投入到学习中去，这样孩子才能完成自己的职责，才有成功的希望。因此，在家庭教育中，父母要十分注重对男孩专注力的培养。

凌霄爱听有关动物的故事，爸爸妈妈总是认真地给他讲这方面的故事，并且将一些做人做事的道理寓于故事之中，让他去领悟。

有一次，爸爸讲到动物的故事，说狮子去喝水时，它们会径直走向水塘，就算中途碰到猎物，它们也不会去追捕；猴子在摘野果时，只是摘果子，中途不会去喝水；大象洗澡时，不管路途多远，同样会直奔水塘，中途不会突然改变主意干别的事。

爸爸告诉凌霄，驯兽师在训练猴子或大象的时候，一次只让它们做一个动作，让它们的脑海里只记住一件事，否则动物们再聪明也学不会复杂的动作。而且，它们的大脑神经也会拒绝一次记住两件以上的事情，这是它们的本能。

讲了动物的故事后，爸爸对凌霄说："一次只做一件事，并努力做好，这叫专注。三心二意，表面上同一时间可以做多件事情，但是到头来一件事情也做不好。"凌霄懂得了专注做事的重要性。

专注是男孩需要培养的一种能力，它是一个人能高度集中于某一件事情的能力，是人拥有的非常重要的心理素质。正所谓："书痴者文必工，艺痴者技必良"，从小训练男孩的专注力可以让男孩从小就养成集中注意力的习惯。父母都应该从小培养男孩的专注力，因为专注力可以帮助提高男孩的学习效率，使男孩更加聪明伶俐。

1. 为男孩创造一个安静的环境

在男孩玩耍或者是做功课的时候父母要为男孩创造一个安静的环境，不能在男孩专注的时候在旁边吵闹，如看电视、说话等，这样会影响男孩的注意力集中，使男孩无法认真地做事，时间长了就会使男孩做事没有专注力。

2.父母要做表率

首先父母应该以身作则，对任何事都表现出专心、坚持和有耐心的态度。

小斌是一个做事专心的男孩，无论是写作业还是玩耍，他都很专心，因此小斌不但各门功课成绩优秀，兴趣爱好也得到充分的发展。小斌专心做事的好习惯，主要是受他爸爸的影响。小斌的爸爸是一位老师，几乎每天晚上都要伏案备课和批改作业，注意力十分专注，从不受家人看电视、谈天的影响。他说，要做到“用心专者，不闻雷霆之震惊”的程度虽然很不容易，但不被其他事情干扰而专心地做事，还是能够做到的。

男孩最初的学习对象是父母，要让男孩专心，父母就得从自身做起，比如父母能从头到尾好好完成一件事，而不是想到什么就做什么；在孩子做事时，父母也陪着做，而不是在客厅看电视，大声谈笑。总之，别让男孩产生“为什么爸妈可以，我却不可以”的想法，这样才有助于男孩专注力的养成。

3.让男孩一次只做一件事情

人的注意力是有限的，注意力分配在不同的事情上面时，会被严重消耗，尤其是男孩的注意力正在发育过程中，同时进行多件事情，会损害注意力的有效集中。所以，哪怕当男孩玩玩具的时候，也要关掉电视机；当做作业的时候，不要放音乐。

节俭——一粥一饭，当思来之不易

节俭是中华民族千百年来的优良传统美德。纵观古今，凡是通过艰苦奋斗取得突出成就的人，都拥有节俭这种崇高美德。节俭的人能够更好地致富，节俭的人能够更好地守财，一个人只有具备了致富与守财的能力，才能让自己永远不为贫困发愁。因此，父母就要从小培养男孩勤俭节约的好习惯。

节俭作为一种好习惯，体现了一个人的生活态度、理想信念、价值观念和作风形象。节俭不是吝啬，而是美德，它有助于一个人修身养性、陶冶情操，也是一个人事业发展和成功的重要因素。

我国有句老话："成由勤俭，败由奢。"随着人们生活水平的提高，现在的孩子生来无忧，他们消费观念较强，用起钱来大手大脚，生活上追求享受，物质上随便浪费，毫无节俭意识，这不由得让人担心。这些孩子不知道父母每天工作的辛苦，不知道自己吃的穿的用的东西是哪来的，反而觉得自己吃好穿好用好是天经地义的。孩子们花钱大手大脚，奢侈浪费的现象已达到非常严重的程度，父母如果不好好地教育引导孩子，孩子将难以成人，更难以成才。

孩子不懂得节俭，不能全怪孩子，责任也在父母身上。父母由于疼爱孩子，给孩子花钱自不必说，就连很多父母自身也往往产生了非合理消费的心理——攀比、从众、追时髦、喜新厌旧等。此外有些人对节俭与奢侈存在一些误解，以为节俭是贫穷的表现，以奢为荣，以俭为耻，凡事爱讲排场，其实他们并未真正理解节俭的意义。节是节制而有度，俭是节约不浪费，节俭这种理性的生活态度，是无论古今、穷富都值得大力提倡的。

约翰从小花钱就没有计划也不懂节约，一切随着性子来，想怎么消费就怎么消费。转眼间，约翰上大学了，爸爸为了限制约翰花钱的速度，跟他约定每月的1号给他寄500美元的生活费。

然而，多年的习惯不是那么容易就能改掉的，约翰照旧花钱如流水，毫无节制。有时，他跟朋友出去到餐馆或娱乐场所消费，请一次客就能把一个月的生活费都花光。所以，每月不到15号，约翰就囊中空空了。

每当约翰缺钱时，他就会立刻打电话给爸爸，要求父亲提前寄下个月的生活费过来。父亲因为心疼儿子，总是容忍孩子的错误行为。这也使约翰花钱变得更加肆无忌惮，他花钱无度的毛病也越来越严重了。

这天，约翰又出现“金融危机”了，他联络父亲说：“爸爸，我饿坏了。”若是以往，爸爸隔天就会寄钱过来。然而，这次约翰没有收到汇款，他收到了来自父亲的简短回复：“孩子，饿着吧。”

接下来的日子就难熬了。约翰想尽办法节衣缩食、精打细算，对每一分钱都做好安排。然而，事情也确实很奇妙，身上只剩20美元的约翰居然撑了足足一个月。体验到吃苦受罪滋味的约翰，学会了有计划地花钱。

以后的每个月，约翰居然还能省下100美元。这样，约翰的生活变得丰富也有意义了。约翰用这些钱买了自己喜欢的书、唱片。他也因为拥有了勤俭节约的好习惯，而比以前过得更加充实了。

节俭，是“穷养”男孩的重要内容。古人云：“勤能补拙，俭以养廉。”人只要能够勤劳，即使是天赋差一些，也会把工作、学习搞好，能在事业上做出成绩。只要人能够节俭，不贪图物质享受，不追求奢华生活，保持廉洁的美德，在事业上就会不断进步，有所成就。因此，从小培养男孩的节约美德，养成勤俭节约的好习惯，必将使男孩终身受益。

1.让男孩知道赚钱不容易

让男孩学会节俭最有效的方法就是让男孩直接参与财富创造的过程，让男孩学会自己去挣钱，知道挣钱的辛苦和不易，男孩在生活中就不会大手大脚地花钱了。

一对年轻的父母带着上小学的儿子去逛街，在路上看到一位老人正在卖报。年轻父亲突发奇想，从口袋里掏出10元钱交给儿子，让他去买10份报纸。孩子买回报纸，年轻夫妇又和儿子商量，让他按原价把报纸卖出去，看看要花多长时间才能卖完这10份报纸。孩子在父母的帮助下费了几个小时才把10份报纸卖出去。然后，父母让孩子去问卖报的老爷爷，卖出一份报纸能赚多少钱。孩子从老爷爷那里得知，卖一份报纸只能赚几分钱。他算了一笔账，花了这么长时间卖出的10份报纸才挣了几毛钱。孩子顿时领悟了父母的良苦用心，他主动对父母说："爸爸、妈妈，我以后再不会乱花钱了。挣钱太不容易了！"

让男孩自己挣钱不是目的，而是要通过这样的手段让男孩明白钱是怎么来的，体会到挣钱的辛苦，男孩当然就不会乱花钱了。同时男孩也会想到父母挣钱不容易，知道感恩父母，节约开支。

2．指导男孩如何用零用钱

李刚是小学五年级的学生，父母都在做生意，家里经济条件比较好，所以父母给李刚的零花钱也十分多，只要李刚需要，父母不问原因，要多少给多少。这样，李刚逐渐养成了大手大脚花钱的毛病，学会了铺张浪费，不但吃要最好的，穿要名牌，同时还养成了请人吃饭的习惯。

有一次，李刚过生日，说要请班里的同学们吃饭，开口就向父母要500元钱。此时，李刚的父母才感觉到孩子花钱过于大手大脚了，因此拒绝了孩子的要求。

可是，李刚已经习惯了大把花钱，请同学们吃饭的话也说了出去，认为不那样做面子上过不去。他就趁父母不注意，偷着打开妈妈的钱包拿走了500元钱。李刚的父母知道后，为以前没有控制李刚花钱而感到后悔莫及。

显然，故事中李刚的父母在教育孩子使用零花钱方面是失败的。那么如何指导孩子合理使用零花钱呢？首先，父母给孩子零花钱时要有计划，要限制数额，不应对孩子有求必应，应根据孩子年龄大小、钱的实际用途和孩子的支配能力，定时定量给孩子零花钱。其次，父母要问清每笔钱都花在哪里，如果近期钱的去处孩子无法说明，父母应暂停“发放”，弄清楚钱的去处再继续给孩子零花钱。

健康饮食——为男孩的健康保驾护航

饮食，人生一大乐事，男孩从小养成的良好饮食习惯，有益于其身体健康。

人的习惯不是与生俱来的，是受家庭和社会环境影响而后天形成和发展的，男孩的饮食习惯则主要在幼年时由父母培养，男孩一旦养成了坏的饮食习惯就很难再改变。

小胖从小就很喜欢吃零食，妈妈总是依着他的性子给他买各种小食品，家里的薯片、饼干和巧克力几乎没断过。小胖直到上大学也一直保持着爱吃零食的习惯。而爱吃零食的小胖小小年纪就患有胃病，稍微吃一点生冷或辛辣食物就会胃疼。现如今，小胖不但没改掉爱吃零食的习惯，而且还多了另一个“习惯”——吃胃药。

父母是否给孩子养成良好的饮食习惯，决定了孩子身体是否能够健康。有些父母出于宠爱孩子，长期无原则顺应孩子们不合理的饮食要求，这是养成孩子们挑食偏食的一个重要原因。其结果是使孩子得不到促进生长发育的所需营养，产生两极分化——营养不良和肥胖。

孩子的生长发育、健康水平、智力水平都与营养密切相关。营养不良会对婴幼儿大脑发育产生影响，造成其智力和体格发育不良，这些影响在孩子成年后无法弥补，同时还会把缺陷传给下一代。青少年营养不良，会造成耐力差、易疲劳，注意力和记忆力减退，影响体力劳动和脑力劳动效率。

营养的缺失对许多青少年疾病的发生和发展也都有直接或间接的影响。如缺碘可患甲状腺肿，缺铁可患贫血，缺维生素D和钙质可患佝偻病等。营养不良会使肌体免疫力会降低，会增加传染病的患病率，延长病程，影响康复。营养不平衡往往成为肥胖症的诱因，严重地影响孩子的身体健康。

饮食习惯关系到儿童健康，应引起父母的高度重视。父母应该从小就对男孩的饮食习惯给予指导，告诉男孩应该吃什么，不应该多吃什么，并要教导男孩学会控制自己不健康的饮食欲望，使男孩逐步建立良好的饮食习惯。

1.安排好一日三餐

一日三餐是人生的头等大事，也是孩子的头等大事。让孩子身体健康地成长，应从安排好早、中、晚三餐开始。

（1）早餐

医学研究证明，青少年不吃早餐或者早餐质量差，不利于其智力的发展。成人的早餐一般都吃得清爽、简单，传统早餐就是稀饭、油条或馒头、咸菜。但仅这些食物无法给孩子提供足够的营养，早餐必须改变。

孩子早餐吃什么？一个基本的原则是淀粉+高蛋白食物，再适当加些小菜。淀粉类食物即传统的各类主食。高蛋白的食物如鸡蛋、牛奶、豆浆、肉类等。小菜，如拌海带丝、拌芹菜萝卜丝、花生米、豆腐干、咸菜等。如果每天的早餐有这三类食物，孩子一上午都可以精力充沛，自然可以专心学习了。

（2）午餐

午餐前后都是孩子的学习和活动时间，午餐既要补充上午的热量消耗，又要为下午做好储备。所以午餐应该给孩子提供较多的热量和营养素，其比例应占到全天热量和营养总量的40%，一定要让孩子吃饱、吃好。

午餐要合理搭配，谷类食物、蔬菜、豆制品、肉类都要让孩子吃到，尤其是蔬菜，有些孩子不爱吃，父母也觉得蔬菜反正没什么营养，不吃就不吃吧。但事实上，现在很多孩子出现便秘的症状，造成这种症状的原因之一就是孩子吃的蔬菜太少。蔬菜能为人体提供大量的维生素、纤维素，应该让它成为孩子餐桌上不可缺少的食物。

（3）晚餐

常言道：晚餐要吃少。这对孩子也适用。原因很简单，因为孩子睡觉早，活动少，晚间的消耗就少，如果晚餐吃得太多，营养积存在体内就会变成脂肪堆积起来，长期下去孩子就会发胖。专家还提倡睡觉前喝一杯牛奶，牛奶有助消化、补钙和安眠的作用。

2.纠正孩子不良的饮食习惯

不良的饮食习惯是使青少年生病的重要原因之一，父母要保持孩子的健康，就要多从饮食中把握细节，及时纠正孩子不良的饮食习惯。

（1）多吃蔬菜粗粮，少吃肉

蔬菜中含有丰富的维生素和矿物质，给孩子的身体提供所需营养的同时，还能够起到加快新陈代谢的作用。而五谷杂粮可缓解人们因饮食过于精细化而产生的多种疾病。所以，父母要在孩子的一日三餐中多加入蔬菜和粗粮类的食品，并且尽量减少吃肉。因为，当今社会的肉食污染严重，孩子吃肉后，除了能够补充少量的热量之外，肉里因污染产生的毒素会被孩子吸收，对其健康没有好处。所以，孩子应该多吃蔬菜，少吃肉。

（2）吃饭时别看书报或电视

“视食”可导致神经功能紊乱，引起肠胃疾病，导致眼病，特别易患近视眼。

（3）吃东西时不要嬉笑、打闹

“笑食”容易使食物进入气管，轻则呛咳，重则导致气管痉挛而窒息，甚至抢救不及时而死亡。

（4）不要泡食

很多孩子喜欢用水泡饭吃，其实这对胃并不好，因为食物咀嚼不细而使胃的负担过重，久之易引起胃病。

（5）少吃带香味和有色素的食物

食物中的香料和色素的确能令人胃口大开，但毕竟这些是诱发癌症的危险因素，还是少吃为妙。此外，人工色素还会引起儿童多动症、哮喘、神经性头痛等病的产生。

（6）不要“哭食”

孩子带着惊、恐、忧、伤、思的情绪吃饭，时日稍久，可致中枢神经对内脏的调节失控，使胃酸分泌减少，胃黏膜变白或充血，食欲减退，引起胃肠疾病或营养不良等疾病，有心脏病的儿童还会出现心绞痛。民间所谓的“雷公不打吃饭人”也是讲究忌“哭食”。

（7）限制孩子喝甜的饮料

为了让孩子养成健康的饮水习惯，父母应该从小给孩子喝白水或纯牛奶，尽量不喝含糖量高的果汁饮料或甜味乳饮料。如果要给孩子喝果汁，也应尽量选择鲜榨的果汁并加等量的水稀释。

（8）不要强迫孩子进食

当孩子吃饱时父母就应提醒他们停止进食，不要强迫孩子一定要吃完碗里的食物，当孩子吃完所有食物时也不要表扬和鼓励。相反，应该告诉孩子，能吃多少就盛多少，不能浪费粮食。

（9）少吃零食和垃圾食品

大部分孩子都对零食情有独钟，偶尔让孩子吃点零食解解馋也无妨。但是，一定不能让孩子养成吃零食的习惯。生活中，只要父母没有吃零食的习惯，孩子就没有养成这个习惯的机会。

（10）不要边走边吃东西

边走路边吃东西，除了空气中的飞扬物会污染食物以外，边走边吃东西还容易引起胃下垂。

一勤天下无难事——做一个勤奋的男孩

勤奋是一所高贵的学校，所有想有所成就的人都必须进入其中，在那里可以学到有用的知识，拥有独立的精神和坚忍不拔的品质。事实上，勤奋本身就是财富，假如你是一个勤劳、肯干而又刻苦的人，那么你享受到的甜美也就更多。

高尔基说过："天才就是劳动。人的天赋就像火花，它既可能熄灭，也可能燃烧起来，而使它成为熊熊烈火的办法，只有一个，那就是劳动、再劳动。"爱迪生也说过："天才就是一分灵感加上九十九分汗水。"这些名言都在反复告诉我们这样一个永恒的真理：一个人能否取得成功，不是看他是否有天赋，而是关键在于他是否勤奋。

台湾著名企业家王永庆早年因家贫读不起书，只好去做买卖。16岁的王永庆从老家来到嘉义开了一家米店。那时，小小的嘉义已有米店近30家，竞争非常激烈。当时仅有200元资金的王永庆，只能在一条偏僻的巷子里承租一个很小的铺面。他的米店开办最晚，规模最小，更谈不上知名度了，在竞争中没有任何优势。在米店新开张的那段日子里，生意冷冷清清，门可罗雀。

刚开始，王永庆曾背着米挨家挨户去推销，一天下来，人不仅累得够呛，效果也不太好。谁会去买一个小商贩上门推销的米呢？可怎样才能打开销路呢？王永庆决定在每一粒米上做文章。那时候的台湾，农民还处在手工作业阶段，由于稻谷收割与加工的技术落后，很多小石子之类的杂物很容易掺杂在米里。人们在做饭之前，都要淘好几次米，很不方便。

王永庆却从这司空见惯的状态中找到了切入点。他和两个弟弟一起动手，一点一点地将夹杂在米里的秕糠、砂石之类的杂物拣出来，然后再卖。一时间，小镇上的主妇都说，王永庆卖的米质量好，省去了淘米的麻烦。这样，一传十，十传百，米店的生意日渐红火起来。

王永庆并没有就此满足，他还要在米上下大功夫。那时候，顾客都是上门买米，自己运送回家。这对年轻人来说不算什么，但对一些上了年纪的人来说，就是一个大麻烦了，而买米的顾客以老年人居多。王永庆注意到这一细节，于是主动送米上门，这一方便顾客的服务措施同样大受好评。当时还没有“送货上门”一说，王永庆增加这一服务项目等于是一项创举。

王永庆送米，并非送到顾客家门口了事，还要将米倒进米缸里。如果米缸里还有陈米，他就将陈米倒出来，把米缸擦干净，再把新米倒进去，然后将陈米放回上层。这样，陈米就不至于因存放过久而变质。这一细心的服务令顾客深受感动，并很快为他赢得了好口碑。

如果给新顾客送米，王永庆就细心记下这户人家米缸的容量，并且问明家里有多少人吃饭，几个大人，几个小孩，每人饭量如何，据此估计该户人家下次买米的大概时间，并记在本子上。到时候，不等顾客上门，他就主动将相应斤数的米送到客户家里。

王永庆精细、务实的服务态度，使嘉义人都知道在米市马路尽头的巷子里，有一个卖好米并送货上门的王永庆。有了知名度后，王永庆的生意更加红火起来。这样，经过一年多的投资和客户积累，王永庆便在最繁华热闹的地段租了一间比原来大好几倍的房子，临街的屋子做铺面，里间做碾米厂。

就这样，王永庆靠勤奋努力，从小小的米店生意起步，开启了他后来问鼎台湾首富的事业。

正所谓：一分耕耘一分收获。勤奋是成就一个人事业和人生的基础，它是所有拥有伟大事业者的共同特征。世界上没有任何东西可以比得上，甚至可以代替勤奋的意志，教育不能替代，多财的父母、多势的亲戚以及其他的一切也都不能代替勤奋。唯有勤奋才能让人做出非凡的事业来，也唯有勤奋才能成就你的人生和事业。

勤奋是一个人走向成功的基础。对男孩来说，勤奋也是迈向成才大门的金钥匙，是成才的第一推动力。当男孩具备了勤奋这种可贵的品质，他就会自强不息，顽强奋斗，就等于成功了一半。所以，父母一定要从小开始培养男孩，让男孩拥有勤奋的美德。勤奋做人，勤奋做事，勤奋学习和积累，唯有勤奋的人才会为了理想甘心付出汗水。

1.培养男孩热爱劳动的好习惯

热爱劳动是人最重要的好习惯之一。美国现任总统奥巴马说：流汗的教育才是真正的教育。从小培养男孩热爱劳动的习惯对男孩的健康成长是非常重要的，这有助于男孩良好性格的形成。

洋洋是小学三年级的学生，他从小没有做过家务活。在学校里经常逃避大扫除等集体劳动，引起了同学的不满。老师把这个问题反映给了他的父母，父母意识到自己没有给孩子提供劳动实践的机会，于是决定改变孩子这种不爱劳动的习惯。

暑假到了，父母带洋洋去野营。但是，父母在野营中不再像以往那样对洋洋呵护备至，而是鼓励他多动手、多尝试。平日不爱劳动的洋洋在这次野营活动中吃尽了苦头。但他也在劳动中认识到自己的不足，认识到自己的生活自理能力和劳动能力太弱了。

回家后，洋洋经常主动地帮助父母做家务。经过一段时间的劳动实践，洋洋对劳动已经不再厌恶了，反而喜欢起劳动来。

从小培养男孩的劳动习惯，对于男孩的成长是极有帮助的。劳动不仅锻炼了男孩做事的能力，而且也能让男孩体会到父母的辛苦。从小就培养男孩热爱劳动的习惯，是对男孩自主能力的一个很好锻炼，对其以后的成长和发展起着决定性的作用。

2.通过故事教育男孩

孩子都喜欢听故事，实践证明，讲故事的教育方式是孩子最乐于接受的一种方式。为了培养男孩的勤奋精神，父母可以通过讲解下面这个小故事来指导男孩。

古希腊著名的演说家德摩斯梯尼原先患有严重的口吃病，而且呼吸非常困难，声音微弱。在他生活的那个年代，希腊人非常崇尚雄辩术，他也立志要当一名雄辩家。他的想法立即遭到众人的嘲笑。他毫不理会，为了使声音变得强而有力，他时常站在海岸上，口含着小石头喊叫，并且为了增加肺活量，他一边演说一边登山，他还站在镜子前面摆出各种姿态，练习向观众招手致意，背诵古希腊悲剧。即使是这样，他仍不满足，他索性把自己关在地下室，将头发剃掉，除了吃饭和睡觉的短暂时间外，所有的时间都用来钻研雄辩术。这样，他把修昔底德写的几卷《伯罗奔尼撒战争史》抄了8遍。在他28岁时，他从地下室出来，参加了雅典的辩论大会，取得了胜利。此后的2000余年，他作为雄辩之父一直受到人们的景仰。

故事是男孩最好的学习教材，父母应经常给男孩讲解一些名人通过勤奋努力获得成功的故事，这些故事可以激发男孩的勤奋精神。当讲完故事后，父母可以先问问男孩的感想，然后告诉他道理：“勤奋是做人的根本”“聪明在于勤奋”。

第六章

“穷养”不穷志，自强自立的男孩有出息

自己的事情自己做，男孩的成长没人能代替

现在，很多父母都非常重视孩子的智力启蒙教育，积极地培养孩子诸如书法、绘画、钢琴、跳舞等特长，但父母却大都忽视了对孩子独立性的培育。

独立性是指善于自我决策，能独立地寻找解决问题的方法并实施此方法的一种能力。它伴随着勇敢、自信、认真、专注、责任感和不怕困难的精神。

面对竞争激烈的社会环境，培养孩子的自理能力，独立思考问题、解决问题的能力，自我服务的能力等独立能力，以便让孩子将来适应竞争激烈的社会，是每位父母的心愿。歌德曾经说过：“谁不能主宰自己，永远是一个奴隶。”让男孩从小学会独立，是为了使男孩自己主宰自己的命运，从而为男孩的人生奠定立足之本。可是现如今的大多数男孩，在父母过分的呵护和娇惯之下，非常缺乏独立性。甚至有些男孩，除了上学读书之外，生活中的事他们一概不知，这样的男孩将来走上社会，怎么会成功呢?

某高校的一位研究生，学习成绩特别好，学校领导考虑派他出国深造，学校领导和他谈这事的时候，本以为他会高兴得不得了，毕竟不是每个人都有机会出国的，可这位研究生听了这个消息之后却是愁

眉紧锁，最后竟对领导说他不去了。领导感到非常惊讶，经过调查才发现，原来这位研究生虽然学习成绩特别好，但他对其他的事情竟然一窍不通，以至于生活都不能自理，最终只有选择放弃。

上面这个事例不得不引起父母的反思：在教育男孩的过程中，父母是否有意无意地包办了他们许多力所能及的事情？父母在重视他们学习成绩的同时，是否忽略了培养他们的生活自理能力？作为父母，我们是否在无意中剥夺了男孩成长的权利，限制了男孩的自我发展？

我国著名教育学家陈鹤琴先生曾说过："凡儿童自己能够做到的，应该让他自己做；凡儿童自己能够想的，应该让他自己去想。"这是一条符合教育规律的至理名言，不仅对培养男孩的独立性、自理能力很重要，同时也对培养男孩的责任感，使男孩能对自己的生活、行为负责很重要。所以说，如果放手让男孩自己做，他们将会得到锻炼的机会，父母也会发现他们的潜能是无穷的；如果父母一直"大手帮小手"，孩子将会在无形中被父母剥夺许多发展的机会。

有一句话是这样说的："做母亲的最好只有一只手"，说的就是父母要对孩子放一只手，有些问题让孩子自己去尝试着解决。让男孩学会自理，自己的事情自己做，为的是促进男孩的独立性发展，这对男孩的将来是有好处的。男孩的将来，包括学习、生活以及事业的成功，都要靠他们自己去闯、去努力、去奋斗。而这一切，没有男孩自立自强的意识和精神，是很难取得满意结果的。父母应该明白，独立既是生存的需要，也是男孩成长中的必修课。

戴维·布瑞纳出生于美国一个中产阶级家庭。当他中学毕业时，许多同学的父母都给自己的孩子准备了一份厚重的毕业礼物，有的是新服装，有的是旱冰鞋，有的甚至得到了轿车。当戴维兴奋地问父亲自己可以得到什么礼物时，父亲却慎重地递给他1美元，并语重心长地说：“用它去买一份报纸，一字不漏地读一遍，然后在分类广告栏里，找一份工作。自己去闯一闯吧，这个世界现在已经属于你了！”

“什么？！这怎么可……”戴维的神情中有着明显的失望，还有对自己能力的担忧。

“儿子，你已经中学毕业了，爸爸相信你的能力，相信你能靠自己的双手赢得你想要的。”戴维的父亲鼓励儿子道。

父亲的信任与鼓励，让小戴维终于鼓起了勇气，在那个假期里他赚到了第一份工资。从那以后，他学着不再依赖父母，自己独立处理遇到的事情。也正是戴维这份独立意识加上不断的努力，让他成了美国最著名的喜剧演员之一。

成名之后，戴维对朋友感慨地说：“我一直以为这是父亲跟我开的一个天大的玩笑。几年后，我去部队服役，当我坐在伞兵坑道里认真回忆我的童年时，才意识到父亲给了我一份什么样的礼物。我的那些同学得到的只不过是轿车或者新衣服，但是父亲给予我的却是整个世界，这是我得到的最好的礼物。”

有位名人这样说过：“人最终要独自走向社会，所以他必须拥有独立自主的能力。因此从小就要培养人的自我意识，培养其自主、自立、自强的精神，认知和实践能力。自我发展本身也是个人对自身的一种反思，正是从这种反思中人才不断找到自我，超越自我，实现自我。”独立就是自我生存的意识和能力。一个人只有具备了独立的意识和能力，他才能比较容易地适应社会，摆脱逆境，把握机遇，发展自己。所以，父母应该重视对男孩独立性的培养，在男孩很小的时候就有意识地培养他们的独立能力。

1.尊重男孩的独立意识

男孩的人格是与生俱来的，每一个男孩都是一个独立的个体。从呱呱坠地，男孩就开始拥有独立的意识、独立的思考能力，以及对生活独立的看法等，所以父母要尊重男孩的独立意识。

幼儿园组织亲子秋游，孩子们都自己背着双肩包，神采奕奕地互相打招呼。这时，妈妈对儿子说："乐乐，妈妈来帮你拿包，包里的东西重，你背不动的，会累的。"原本高高兴兴的乐乐一下子就嘟着嘴说："不要你背！我自己的东西自己背，不要你帮助，我不怕累！"

妈妈接着说："乐乐你还小，等长大了妈妈会让你自己背包的。"乐乐不服气地说："妈妈，你曾经说的话忘记了？你不是说我已经长大了，自己的事情要自己做！"妈妈会心一笑，默默地想："乐乐真的长大了。"

任何男孩都具有独立意识，这种意识是男孩自主自立的先决条件。男孩在很小的时候，就慢慢萌生独立意识，所以，父母要尊重男孩的独立意识。在男孩主动要求做一些事情时，父母不要因为他小而不予支持，从而导致男孩自己动手的意识在萌芽状态中就被扼杀了。相反，当男孩要求"自己做"的时候，父母要因势利导，多给予鼓励和赞扬。

2.不要剥夺男孩锻炼的机会

8岁的金金很渴望自己动手洗衣叠被，可每当自己准备做这些事的时候，父母总是会出现，帮助他解决这些"难题"。时间长了，金金总觉得自己不如别人，因为除了学习成绩好，他就没什么值得炫耀了。

凡是男孩自己能做的事情就让他自己做，父母不要代替他，这是一个原则。父母应该认识到，男孩无论做什么事情都有一个规律，即从不会到会，从做不好到做得好，因此，父母不要责备男孩，也不要看到男孩做不好就去代替他去做，这样等于剥夺了男孩锻炼的机会。男孩在自己做事的过程中获得他人的鼓励后，就会感到快乐，就有了自信。这种感觉非常重要，它是培养男孩独立性的一种动力。

3.为男孩创造独立的机会

父母要为男孩创造良好的环境，提供锻炼的机会，在平凡的小事上开拓男孩的进取意识和创造力，鼓励男孩自己解决生活中的问题，使其体验成功的快乐。

陈女士的儿子从一生下来到上学读书，父母什么事都替儿子办妥了，所以儿子什么事都不用做。有一次陈女士在卫生间，叫儿子去关一下煤气灶，谁知8岁的儿子竟说不会关，这令陈女士很惊讶。为了增强儿子的独立自主性，她和丈夫商量后，拟出一个“药方”，就是每星期日让孩子当一回“值班家长”，教孩子如何节俭，如何吃苦，如何当家。

他们规定了“值班家长”的三项任务：一是搞好家里的卫生，比如拖地板、洗碗等；二是安排一日三餐吃什么，具体操作可叫父母去做；三是安排家人一天的“外事”活动，可外出游玩也可走亲访友或是在家做作业。他们没想到，儿子当“值班家长”还真来精神了，第一个星期天“值班”就早早起来拖好了地板，并就近买来了面包当早餐，宣布中午吃“炒猪耳朵”再煲一个汤，晚上吃“豆腐干炒猪肉”和“炒青菜”，至于“外事”活动就是一家三口去北湖公园玩。下午游玩回来，儿子还郑重其事地写了一篇日记，晚上看到陈女士在洗脸，他还说："妈妈，水不能放得太多，要节约用水。"逗得陈女士哈哈大笑。如今，已经10岁的儿子当"值班家长"可来劲儿了。

与其父母把孩子的事一一办妥，还不如让孩子自己把事情完成。父母可以将日常生活中孩子能力范围之内的事务交给他独自处理，并观察孩子的完成情况。如让三四岁的孩子学会照料自己的起居，自己吃饭、漱口、洗脸、穿脱衣服等；让五六岁的孩子学做一些简单的家务劳动，如擦桌椅、扫地、洗手帕等；让七八岁的孩子参加一些社会公益劳动，如打扫环境卫生等；孩子劳动的时间可以不用太长，一般每次在20分钟以内最佳。

男孩现在不吃苦，将来可能会更苦

古语说"富门寒教育"，父母不要让男孩超前享受，而要让他从小吃苦，经受磨炼，这样才有利于他的成长。

吃苦是人生的一笔财富，常言道："吃得苦中苦，方为人上人。"然而，现在的大多数男孩不懂得什么是苦，什么是累。曾经有则报道中写道：一些印度高校拒绝接收中国独生子女入学就读，原因是中国父母舍不得让孩子吃苦，孩子的独立生活能力差，什么事情都喜欢找学校老师，弄得学校老师很头痛。

其实，为了男孩健康的成长，从教育的角度讲，父母应该让男孩知道什么是苦、什么是累，努力培养男孩适应各种环境的能力，使男孩从小具有良好的意志品质。

19世纪俄国著名作家屠格涅夫说："你想成为幸福的人吗？那么首先

要学会吃苦。能吃苦的人，一切的不幸都可以忍受，天下没有跳不出的困境。”为了让孩子以后能够幸福，父母是不能心疼孩子吃苦的。

正是基于吃苦有益的理念，日本提倡“穷学之风”，让富裕的大城市学生到偏远的山区、村寨接受艰苦的生活体验，其目的就是要培养孩子吃苦耐劳的精神和坚韧不拔的毅力。其实，这都是一些明智的做法，从孩子的成长规律看，儿童时期和少年时期是人生的基础阶段，父母有意识地给孩子创造一些吃苦的条件，开展吃苦教育，这对孩子的成长非常重要，也有必要。因为人生道路是曲折的，每当我们实现一个目标，都需要努力奋斗，要奋斗就需要有一种勇于吃苦的精神。

美国第32任总统富兰克林·德拉诺·罗斯福是美国历史上唯一一位连任四届的总统。他出身于富豪家庭，父亲学过法律，又经过商，很有钱。然而，罗斯福的父母并不娇惯他，而是严格地管束他，并经常有意让他“吃些苦头”，特别是罗斯福的母亲。

母亲为小罗斯福安排了很严格的作息时间表：7点起床，8点吃饭，跟家庭教师学习3个小时，休息，下午1点吃饭，午饭后又学到4点，休息。在如此严格的管理下，年幼的罗斯福经常喊苦喊累，但母亲一直坚持让他遵守作息时间。

能吃苦是一种毅力，一种重要的生存能力。让男孩吃吃苦，是为他们将来的人生旅途走得平稳顺畅做储能蓄势的准备，让他们踏入社会后，能够充分实现自身价值。吃苦能力越强，男孩的生存空间就越大，所以父母从小就要让男孩尝些“苦头”。

作为商人，李嘉诚无疑是成功的，作为父亲，李嘉诚更加成功。如今他的两个儿子在商界都取得了非凡的成就，大儿子李泽钜帮助其父亲打理家族生意，二儿子李泽楷在新闻媒体、数码、电讯盈科等领域接连取得令人瞩目的业绩，靠自己的奋斗赢得“小超人”的美誉。

曾有人问李嘉诚是怎样教育两个儿子的，他的回答是：“应该让孩子吃些苦，让他们知道穷人是怎么生活的。”

李嘉诚坚持认为，教育孩子应该培养他们独立的意志品格，不能溺爱、娇生惯养，这与有多少家财没有关系。所以李泽钜、李泽楷两兄弟虽然出生在大富之家，却很少有机会享受奢华的生活。他们小的时候，李嘉诚很少让他们坐私家车，却常常带他们坐电车、巴士。当兄弟二人去美国斯坦福读书期间，李嘉诚只给他们最基本的生活费。有谁能想到，现在人称“小超人”的李泽楷当年还曾经在麦当劳卖过汉堡，在高尔夫球场做过球童。一次，李泽楷在背高尔夫球棒时弄伤了肩胛骨，直至现在伤患还会时常发作。

古人云：嚼得菜根，百事可做。生活本来就有苦有甜，每个人都能够自然而然地感受这一点，并从中获得教益和锻炼。人在生活中吃点苦很正常，没什么大不了的，只有具备不怕苦的精神，当他走向社会，面对现实生活时才能勇往直前，并在艰苦奋斗中开拓自己的事业，实现自己的理想。教育家苏霍姆林斯基曾说过：“让孩子动手，亲自参加实践，吃点苦，受点累，不但可以探究知识奥秘，培养创造能力，而且有利于坚强意志和吃苦耐劳精神的形成。”父母要想方设法让男孩吃点儿苦、受点儿累，这样能培养男孩良好的吃苦耐劳精神，让男孩能够笑对生活。

1.舍得让男孩吃苦

吃苦耐劳是我们中华民族的传统美德。这种美德不是先天形成的，而是后天培养、锻炼的结果。舍得让男孩吃苦，让男孩经历挫折，是父母培养下一代的一条重要方法。

有个牧场主人，叫他孩子每天在牧场辛勤工作，朋友对他说：“你不需要让孩子如此辛苦，农作物一样会长得很好的。”牧场主人回答说：“我不是在培养农作物，我是在培养我的孩子。”

让男孩吃苦是对他的毅力和生活能力的一种磨炼，不能吃苦的男孩很难对现实社会有深刻了解。给男孩适当进行吃苦教育，是一种“大爱”的表现，是对男孩负责的表现，是有助于男孩成长的表现。

2.让男孩多进行生活的磨炼

现在的男孩普遍存在吃不了苦，贪图享受，不知付出，遇到困难只想退缩，不想担当，责任感差等现象，为了扭转这些现象，父母一定要从日常生活中做起，培养男孩吃苦耐劳的精神。父母可以从日常生活中的小事做起，要男孩完成适当的家务，如打扫卫生，洗碗，清理房间等，男孩完成后父母可以给予物质和精神奖励，以调动男孩的积极性。父母也可以要孩子参加社会实践，如卖报纸、农村生活体验、夏令营、与农村孩子交朋友等形式的活动。

男孩在锻炼的过程中，真正融入到现实生活中来，真正感受到生活的不易，才能发现自己安逸生活的珍贵，才能明白幸福生活要靠自己去努力争取才能得到。

磨炼坚强的意志，让男孩战胜一切困难

有这样一个故事：

一家日本公司要招聘10名职员，经过严格的面试、笔试后，公司从三百多名应聘者中选出了10位佼佼者。

放榜这天，一个名叫神田三郎的年轻人看见榜上没有自己的名字，悲痛欲绝，回到家中便要跳河自杀，幸好抢救及时，神田三郎活了下来。正当神田三郎悲伤之时，从公司传来了好消息：他的成绩原是名列前茅的，只是由于电脑故障导致了他的落选，听到这个消息后神田三郎欣喜若狂。然而，日本公司得知他因落榜自杀后却再次拒绝了神田三郎，理由是：他如此脆弱的心理承受能力，何以担当重任。

这个故事告诉我们，坚强的意志是人心理上的支柱。高尔基曾说：人最凶恶的敌人，就是意志力薄弱和愚蠢。因为意志是人最重要的心理要素。对于一个人来讲，没有坚强的意志就成了一具无生命的躯壳，一个濒死的灵魂。“宝剑锋从磨砺出，梅花香自苦寒来”。想要踏上成功之路，要从磨炼坚强意志开始。

坚强的意志是力量的来源，是战胜困难、克服弱点、取得事业成功的一把利剑。培养意志力是自我发展的第一步，一个人有了坚定的意志力，就能够坚定不移地做自己认为正确的事情，而成功也就离你不远了。

德国心理学家对500名智商极高的人进行了追踪调查研究，根据他们的成就大小，把他们分为“有成就组”和“无成就组”进行对比，发现这两组人之间的最大差异在于意志品质方面。那些“有成就组”的人，对自己从事的事业有忘我的献身精神，他们为了达到奋斗目标，虽经多次失败仍不动摇。而“无成就组”的人，则意志薄弱，在困难面前畏缩不前，只会消极地等待良机。心理学家由此得出结论：人们事业的成功与否，在很大程度上并不取决于人智力水平的高低和客观条件的好坏，而取决于是否有坚强的意志。

坚强的意志是最为伟大，最为崇高的品格之一，也是一个人克服困难，跨越障碍，解决矛盾的力量。爱迪生曾经说过：伟大人物最明显的标志，就是他坚强的意志。遗憾的是，现在的大部分孩子都缺乏坚强的意志力，他们生活在父母的溺爱与过度保护下，缺乏独立解决问题的能力，坚持不懈的毅力及抵抗挫折的耐力，这样的孩子在以后的生活中会遇到各种各样的麻烦，明智的父母应该从小就培养孩子坚强的意志力，给孩子的成长上一道保险。

1983年代表中国女篮参加第9届世界女篮锦标赛获第3名的中国女篮队长宋晓波，就是在父母的训练下，从小养成了坚强的意志品质。

宋晓波的父亲是个篮球健将，他期望女儿成为坚强的人，因此在孩子意志品质方面的培养上费了不少心思。

晓波6岁时考取了一所离家较远的小学，从家里到学校要换两次公共汽车，穿越几百米的小胡同和大马路。这让祖母很不放心，埋怨晓波爸妈太狠心。可是晓波爸爸安慰道：“我们选中这所学校，也是为了锻炼晓波独立生活的闯劲和能力。一个人从小窝囊，长大了就很难有出息。”说罢，爸爸就去买了一张月票挂在孩子的脖子上。父母开始也不放心，爸爸看着女儿上了车，便骑着自行车偷偷跟在车后面，看着女儿走进学校大门，才放心离开。

当晓波迈出了坚强的第一步，父母又给她提出了新的锻炼任务，要她单独去把幼儿园的妹妹接回家。当时，晓波刚上一年级，妹妹只有4岁。那天正值隆冬，大雪纷飞，路滑车挤。晓波知道爸妈是在考验自己，便勇敢地答应了。

去了一个多小时晓波还没回来，妈妈着急了，骑车到幼儿园去询问，阿姨说：“她们早走了！”妈妈随即又奔回家。快到家门口时，看见两个雪团似的小人，她连忙赶上去。晓波解释说："汽车太挤，到站时下不来，我们就多坐了一站才下车。"妈妈听后非常欣慰，夸奖了她们。以后，晓波在学习和锻炼中更加努力，更加刻苦。

正因为宋晓波从小就受过良好的意志训练，才为她之后的篮球事业奠定了基础。

坚韧的意志力是男孩取得成功必备的心理素质，它也是保证和维持男孩奋斗的内在动力。人生路上，无论做什么事都会遇到一定的困难和问题，一个人如果没有足够强大的意志力往往很难把事情做成。所以，意志力的培养是相当重要的，所以父母一定不要忽视对男孩意志力的培养。

1.做男孩的表率

父母自身坚强的意志力对孩子有着重大的影响。孔子说："其身正，不令而行；其身不正，虽令不行。"无论父母的文化程度是高是低，不论什么职业，父母自身刻苦好学、顽强拼搏、自强不息的坚强意志，永远是男孩取之不尽的力量源泉。

有一位市级劳模，她虽然只有初中文化水平，音乐知识贫乏，却通过自己坚持不懈的努力，促使儿子考进知名音乐学院的钢琴系，并多次在全国钢琴比赛中获奖。10年来，她带着儿子风里来、雨里去，上天津、跑北京，求名师、赶考场，正是她自己坚强的意志力影响了孩子，并为孩子的成功发挥了表率作用。

榜样的力量是无穷的，父母如果意志坚强，做事具有不怕困难、百折不挠的精神，那么孩子也会在耳濡目染、潜移默化中逐步完善自己的意志品质。反之，父母如果做事拖拖拉拉，遇到困难绕道走，工作、生活缺乏勤奋精神，那么他们的孩子决不会成为一个意志坚强的人。所以，作为父母，一定要成为男孩的榜样，在日常生活和学习工作中体现出坚强的意志力。

2.让孩子从点滴小事做起

坚强的意志是人在克服困难的过程中形成和发展起来的。离开了实践活动的锻炼，仅靠“纸上谈兵”是不能培养起坚强的意志力来的。为了培养男孩坚强的意志力，父母应当从点滴小事做起，通过日常生活小事培养男孩坚强的意志力。

有一位父亲，很会从生活中的小事锻炼儿子的意志力。当儿子小的时候，父母带着他去公园，走累的时候，孩子常常要父亲抱着。这时候，父亲往往让孩子再坚持一下，能不抱就不抱。儿子长大些后，父亲又常常带着他去爬山锻炼身体。儿子不到6岁的时候，有一天父子俩要去5公里外的朋友家串门。父亲和儿子商量后，两人各骑一辆自行车出发了。骑到一半的时候，儿子说累了，他们就在路边休息，儿子问还有多远，他说还有一半路，儿子就有些畏难情绪，他就鼓励儿子。随后父子俩继续骑，又骑了剩下路程的一半，儿子说骑不动了，路太远了，埋怨爸爸骗他。父亲跟儿子承认，自己估计错了路程长度，路程对儿子来说真的有点远。儿子说不去了，要回家。父亲问儿子：“能骑回去吗？”儿子说：“不能。”父亲说：“怎么办呢？要不然把小自行车丢掉，爸爸带着你回家？”儿子不舍得自己漂亮的自行车。于是，父子俩就在路边歇了好一会儿，父亲对儿子说：“要是往回走，前面的力气就白费了，只要再坚持一下，很快就到了。”在他的鼓励下，儿子又骑上了自行车，后面的一段路，他不断地给儿子介绍路边的建筑物，告诉儿子就要到了，父子二人最终顺利到达目的地。当朋友得知父子俩是各自骑车来的时候，觉得父亲心太“狠”，简直是虐待儿子。父亲却觉得儿子从这次骑行中锻炼了意志力。这件事给儿子留下的印象很深，儿子长大后还对此事记忆犹新。

父母要善于利用身边的小事有计划地培养、锻炼男孩的意志力。父母要让男孩明白，坚强的意志是在千百件小事的磨炼中逐步培养出来的。男孩只有经常在小事上进行锻炼，才能在大事上经得起考验。

告诉男孩：永不放弃，坚持到底

常言道，“天下无难事只怕有心人”，做什么事情都是贵在坚持。坚持，是一个人意志的展现；坚持，是一种品质，一种自信，更是获得成功的一种方式。

1948年，英国牛津大学举办了一次“成功奥秘”讲座，邀请丘吉尔来大学演讲。在演讲前三个月，各大媒体就开始报道 ，各界人士翘首以盼讲座的到来。

讲演当天，会场上人山人海，全世界各大新闻媒体都到齐了。只见丘吉尔走上讲台，两手扶住讲台，两眼注视着观众，用手势止住大家雷鸣般的掌声，说：“我的成功秘诀有三个：第一是决不放弃；第二是决不、决不放弃；第三是决不、决不、决不放弃！我的演讲结束了！”说完，他就走下了讲台。会场上沉寂了一分钟后，突然爆发出热烈的掌声，那掌声经久不息。

这场演讲是演讲史上的经典之作，丘吉尔用他的成功经验告诉人们，成功并没有什么秘诀可言，如果真有的话，就是两个：第一个就是坚持到底，永不放弃；第二就是当你想放弃的时候，回过头来看看第一个秘诀，坚持到底，永不放弃。

坚持，对一个人的成长以及发展起着相当大的作用。18世纪法国博物学家、作家布封曾经说过：“天才就是长期的坚持不懈。”我国著名的数学家华罗庚也曾经说：“做学问，做研究工作，必须持之以恒。”的确，我们干什么事，要取得成功，坚持不懈的毅力和持之以恒的精神是必不可少的。

但现实生活中，不少男孩做事没有恒心，缺乏持久性，做事常常半途而废。从心理学角度来讲，意志薄弱是当前男孩普遍存在的一个问题，表现在做事不能有始有终，缺乏毅力，面对困难依赖他人帮助，独立性差。客观来讲，男孩缺乏毅力与其生理、心理发育有关，也与父母的教育有关。如果父母教育得当，男孩养成做事持之以恒的好习惯并非难事。

一个少年作家，他的书在社会上反响非常好，记者问他怎么成为作家的，怎么出了四本书。他说：“我没什么秘诀，就是坚持下去。上小学一年级的时候，老师要求我们坚持每天写作文、读书，我就一直坚持写作、阅读到现在。现在我每天坚持读一个小时的课外书，不管多忙，一定坚持一个小时，每天坚持写800字以上的日记和随笔，这使我受益匪浅。”

所谓“不积跬步，无以至千里；不积小流，无以成江海”。培养男孩持之以恒的韧性，对男孩今后的人生有很大的影响。拥有良好韧性的男孩更容易成长为一个独立自主、有毅力、有恒心、自信、乐观以及社会适应能力强的人。因此，父母一定要注重培养男孩的韧性，当然也需要父母有韧性才能培养出男孩的韧性。

1.及时鼓励男孩

如果男孩在做事中途退缩，不想完成，父母切忌不要唠叨个没完，或者张口就骂，动手就打，更不要讽刺、挖苦，这样做很容易使男孩产生逆反心理，以致伤害其自尊心。相反，父母的鼓励可以让他们重新树立起信心，做事情坚持到底，直到出色地完成。

有一次，正楷从电视上看到了踩高跷的活动，对此产生了浓厚的兴趣，央求爸爸给他买高跷，爸爸于是到市场上买了一副。

爸爸让正楷坐在椅子上，很认真地给他绑好了高跷："好了，站起来吧！"正楷兴奋地想站起来，可是刚一起来，却又坐回了椅子上。

"怎么了？怎么不站起来？"爸爸问他。

"我怕摔倒。"正楷回答爸爸。

"没关系，站起来，往前走。"爸爸说。

正楷鼓起勇气，摇摇晃晃地站了起来，可是刚迈了一步，就站不稳，摔了一跤。正楷的脸上顿时没有了刚开始时兴奋的表情，取而代之的是一脸恐惧。

"摔跤没什么的，不管是谁，刚开始学的时候都要摔跤，不摔跤是学不会的。来，再试一次！"爸爸鼓励道。

"不用怕，爸爸小时候也是这样学的，鼓起勇气，一会儿就学会了，继续！"正楷虽然很害怕，但还是默默地点了点头。

"脚下要动起来，看着前方，别害怕。"

就这样，在爸爸一次次的鼓励下，正楷终于学会了踩高跷。

当男孩做事情有半途而废的想法时，父母要对他们及时予以言语上的鼓励与帮助，对于他们的点滴进步要及时地予以表扬，使他们产生愉悦感并树立自信心，从而使男孩树立坚持完成任务的决心。

2.用成功人士的故事教育男孩

父母应多给男孩讲一讲古今中外成功人士的故事，让男孩在这种文化氛围下成长，有益于男孩的学习和进步。

一天放学后，吴斌向妈妈学踢毽子。妈妈踢毽子的花样特别多：有倒着踢，跳着踢，左右踢等。吴斌很羡慕，可是自己怎么也学不会。正当他准备放弃的时候，妈妈给吴斌讲了一个关于童第周的故事。童第周18岁才上中学，学习成绩很差，第一学期平均成绩才45分。第二学期，由于童第周发奋学习，成绩提高了，数学还考了100分。童第周28岁的时候，得到亲友的资助，到比利时去留学，跟一位教授学习，那位教授一直在做一项实验，实验中需要把青蛙卵的外膜剥掉。外国同学谁都不敢尝试，只有童第周不怕失败，把实现做了一遍又一遍，终于成功了，后来童第周成了著名的生物学家。听完妈妈讲的故事，吴斌懂得了坚忍的意志是成功的必要条件，于是，他又继续学习踢毽子，在不断努力下，终于能连着踢几下了。

每一个成功者必然都具有坚韧的意志力，因为没有哪个人的成功不是克服重重困难，依靠坚韧的意志力的支撑而获得的。在生活中，父母可以多给男孩讲一些名人逸事或者让男孩多看一些名人传记，让男孩从名人成功的事例里体会到坚韧意志力的重要性，并利用名人的榜样作用时刻激励男孩。

优秀的男孩经得起挫折，受得起磨难

古人云："人之不如意之事十有八九。"在人的一生中，事事如意、一帆风顺的时候是很少的，或学习中遇到困难，或生活上遭到不幸，或工作中受到挫折，或事业上遭到失败。因此，教育男孩正确认识挫折和痛苦，可以帮助他们在困难与挫折降临时，坚定意志，冲开重重困难，走向通往胜利之路，成为征服困难的英雄，掌握自己命运的主人。

有一对农村夫妻四十得子，因而对儿子宠爱有加。在蜜罐中成长的儿子养成了一意孤行的脾性，做事毛毛躁躁，就连走路也走不好，时常跌进水田里，这很是让父母焦心。

儿子7岁那年上了小学。顽皮的他走路喜欢东张西望，因此不是弄湿了鞋子，就是弄脏了裤子，哭鼻子成了家常便饭。

一天，孩子的父亲带上一把铁锹在儿子上学必经的田埂上断断续续地挖了十几道缺口，然后用棍棒搭成一座座小桥，只有小心走上去才能通过。当天放学，儿子走在田埂上，看到面前一下子多出了这么多的小桥，很是诧异。是走过去，还是停下来哭泣？四顾无人，儿子觉得哭也没有人能帮忙啊，最终他选择了走过去。当背着书包的他摇摇晃晃地通过小桥时，惊出了一身冷汗，他第一次没有哭鼻子。

吃饭的时候，儿子跟父亲讲了今天走过一座座小桥的经历，脸上满是神气。父亲坐在一旁不断地夸他勇敢。

妻子对丈夫的举措有些不解，丈夫解释道：“平坦的道上，他左顾右盼，当然走不好路；坎坷的路途上，他的双眼必须紧盯着路，所以才能走得平稳。”

故事中的儿子就是如今赫赫有名的“经营之神”松下幸之助。他的父亲松下三郎在他9岁那年因病去世。临终前，松下三郎一再叮嘱松下幸之助的母亲：“在孩子成长的路上，一定要设置一些他能独自跨越的障碍，如果你一味给他提供顺境，等长大后，一旦遭遇挫折，他必然会经受不住打击，而导致种种令人意想不到的后果。”

如何抵抗挫折是男孩的必修课，没有经历过挫折的男孩长大后将因不适应激烈的竞争和复杂多变的社会而倍感痛苦。美国的一位儿童心理学专家说：“有十分幸福童年的人常有不幸的成年。”不让男孩遭受小挫折，他长大后就无法克服大困难。“挫折教育”使男孩不仅能从外界给予中得到快乐，而且能从内心激发出一种自寻快乐的本能。这样男孩在挫折面前才能泰然自若，保持乐观心态。

所谓“授人以鱼，不如授人以渔”。既然遭遇挫折是人生必经的坎儿，那么父母就必须教男孩学会接受挫折，与其一辈子替孩子遮风挡雨，不如让男孩自己去面对人生中的风雨。著名的心理学家马斯洛说：“挫折对于孩子来说未必是件坏事，关键在于他对待挫折的态度。”因此，明智的父母应该从小就对男孩进行挫折教育。

挫折是培养独立意识的沃土，对孩子进行苦难和挫折教育，能够让他们知道：虽然生活是多彩的，但也是艰辛的。只有经历了失败和挫折的磨砺，才能换来生活的甘甜。就好比爬山，只有经历了千辛万苦，才能领略登顶的辉煌。

1.为男孩创设挫折情境

对男孩来说，在成长的道路上难免要遇到苦难、阻碍，如果男孩平时走惯平坦路，听惯顺耳话，做惯顺心事，那么一旦他们遇到困难，就会不习惯，从而束手无策、情绪紧张，并因此容易导致失败。所以，父母不妨在平时的生活和学习中，有意识地设置一些困难和障碍，以此来培养男孩的耐挫能力。

在德国，无论是父母还是学校，都会有意识地培养孩子的抗挫折能力。比如，父母经常给孩子设置一些挫折情境，有时甚至还故意给孩子制造一些犯错误的机会。在德国父母看来，孩子总有一天要去更广阔的天地闯荡，所以要从小培养他们战胜困难的能力。

小亮是个十分讨人喜欢的男孩子，对人有礼貌，学习成绩也很好，而且他的绘画作品多次作为对外交流的儿童画出国展览。因此，小亮经常受到老师、父母和邻居的夸奖。

但是，小亮的父母意识到，在这种顺境下，孩子容易形成自傲心理。为了让孩子能够健康成长，小亮的父母经常给小亮设置一些障碍，增加孩子受挫的机会。

一天，妈妈特意带小亮去同事家里玩。因为妈妈知道，这位同事的儿子斌斌比小亮更优秀，她希望小亮知道人外有人，不要太骄傲。

两个孩子见面后，玩得很开心。但不一会儿，小亮就有些不高兴了。原来，小亮和斌斌玩智力游戏的时候总是输。尽管斌斌热情邀请小亮再玩，但是，小亮却坚决要妈妈带他回家了。

在回家的路上，妈妈对小亮说："亮亮，妈妈知道你不高兴，是不是因为玩游戏总是输？"

亮亮瞥了妈妈一眼，没吭声。

"你知道吗？斌斌也是一个聪明的孩子，他比你小一岁，但是，他已经跳级了。"妈妈说。

小亮觉得有点好奇："是吗？他挺厉害的。"

“是呀，斌斌是个优秀的孩子，但他从来不炫耀这些，总是努力学习。”妈妈微笑着对小亮说，“你也是个优秀的孩子，但学无止境，不要骄傲哦！”

小亮领会地点了点头。

为了使儿子能够健康成长，拥有良好的个性，小亮的妈妈可谓用心良苦。这种巧设障碍的方法对孩子的成长是非常有好处的。

每个人都会遇到困难与挫折，成长中的男孩也会遇到坎坷和阻碍。父母应该有意识地给男孩设置点障碍，为他们提供克服困难的机会，使他们在人生的道路上有点小小的挫折。倘若把男孩前进道路上的障碍全部清扫干净，他现在可能一帆风顺，日后他就会逐渐失去抵抗困难与挫折的能力。

2.让男孩勇敢面对失败

人的一生总会遇到挫折和失败，同样，在男孩的成长过程中也难免会遇到挫折和失败。让男孩从小就有面对失败的勇气，长大以后，当他面对各种各样的困难和挫折时，他才不会手足无措，才能够从容应对。

有个孩子，很小的时候就开始学习钢琴，他学得很认真，也很辛苦，因为，自始至终他相信爸爸的那句话：勤劳的付出总会有回报。

可是，他第一次参加省里的少儿钢琴比赛时，却连入围的资格都没能取得。他感到很悲伤，觉得自己是世界上最不幸的孩子，吃不下饭，躲在自己的小房间里悄悄地哭。妈妈急坏了，一次次地安慰他，对他说：“以后还会有机会，你只要努力，就肯定能取得好成绩。”

“不！”孩子把被子盖到头上，“以后，我再也不学钢琴了。”

爸爸走过来，把他从床上拉起来。他垂头丧气地跟着爸爸走到沙滩上。爸爸递给他一根树枝，和他比赛在沙滩上写自己的名字，看谁写得又快又好。

他在沙滩上写下了名字，字歪歪扭扭的，一点也不好看。

爸爸把他刚写的全部抹掉了，让他再重写一遍。这次，他认真了些，字也写得漂亮、工整了许多。

“就像在这沙滩上写字。”爸爸似乎在对大海说话，“失误、失败都没关系，别记在心里，一切都可以重新再来。”

听了爸爸的话，他心里一下子变得敞亮起来。

经过刻苦练习，第二年，他终于取得少儿钢琴比赛的冠军。

从那以后，他迷上了在沙滩上写字。

失败了，他在沙滩上写字，一切可以重新再来；成功了，他在沙滩上写字，过去的荣誉不会永远存在。

男孩的成长过程是个必然伴随着挫折与失败的过程。失败也是男孩子的权利，失败也是一种人生体验。陈鹤琴曾说过：“不要担心孩子的失败，应该担心的是，孩子为了怕失败而不敢做任何事。”男孩在人生历程中遭遇失败，出现挫折是正常的，如果连一点小小的失败都承受不了，男孩是无法适应这个社会的。因此，从小培养男孩的心理承受能力，对男孩进行适当的挫折教育是十分必要的。让男孩了解失败，可以让男孩学会平和地面对失败，加强承受挫折的能力，将来男孩长大后，心态就会比较成熟，会用更从容的心态面对失败，准备下一次的挑战，敢于做，才有可能成功。

选择自己的路，掌握自己人生的命运

人的一生，也是选择的一生。在我们短暂而又漫长的一生中，无时无刻不处于选择或被选择的状态中。伟大的哲学家萨特说过一句话：“人有选择的自由，但是人没有不选择的自由。”这位大师的话道出了这样一个真理：人生处处有选择。

选择是一种能力，这种能力应该从小培养。在人生的十字路口，谁能够理性地做出选择，谁就掌握了自己的命运。

一位学者去一所中学调查学生的自主性状况，在被调查的150名学生中，当被问到“学习和生活中遇到难题，一时解决不了时，你会怎么办”时，150名学生几乎是异口同声地回答：有困难当然是找父母解决。没有一名学生认为自己应该先想办法解决，实在解决不了，再找父母帮助；当被问到今后准备从事什么职业时，竟有90%的学生说要等回家问过父母才能回答。

这位学者事后在总结调查结果时，忧虑地说：青少年缺乏自主性，在选择中对自我意识重要性的麻木，已是不容忽视的问题。

造成这一现象的主要原因是父母剥夺了孩子的自主选择权利。在有关孩子的决定时，不少父母喜欢包办代替。在吃、穿、用等方面，甚至在孩子学什么、选择志愿这些重大事情上，父母都不习惯与孩子商量，而是越俎代庖，这种做法是不正确的。

孩子也是独立的个体，对事情他们有自己的观念和判断。孩子长大后，要进入大学选择自己喜欢的专业，进入社会选择适合自己的职业。对不断变化发展的社会，人要经常调整自己的选择，这就需要培养自己的独立性、责任心、判断能力和选择能力。如果孩子不具备这些基本能力，就无法适应社会，无法生存得好。人做决定的能力也是慢慢成长的，如果父母总是不给孩子机会，孩子可能永远不会自己做决定。

选择的能力是从小培养的，父母要对男孩的一生负责，就要把选择的权力交给男孩，切不可包办代替，因为人生的道路还要靠男孩自己走。男孩总要长大离开父母，走向社会，开拓比父辈更广阔的发展空间。如果男孩自小没有选择的权利，没有体验过选择的滋味，他今后又怎么能选择适合自己的发展道路，迎接各方面的挑战和竞争呢？

1982年，12岁的谢军即将小学毕业，但她却面临两难境地。是升重点中学还是学棋，在这个分岔口谢军举棋不定。小学6年中，谢军曾有7个学期被评为三好生，面对这样品学兼优的孩子，学校当然要保送她上重点中学。但是，国际象棋的黑白格同样牵引着谢军和她家人的心。在这个节骨眼，母亲的一席话给了谢军莫大的鼓励，让年纪小小的她学会了选择，学会了对自己负责。

母亲叫来了谢军，用商量的语气说："谢军，抬起头来，看着母亲的眼睛。你很喜欢下棋，是不是？"这是母亲对女儿如何选择道路的提问，从某种意义上讲，也是对女儿如何选择将来命运的提问。谢军目光坚毅、严肃地看着母亲的眼睛，坚定地说出七个字："我还是喜欢学棋。"听到女儿的话后，母亲同意了她的选择，同时又严肃地说："很好，不过你要记住，下棋这条路是你自己选择的，既然你做出了这个重要的选择，今后你就应该负起一个棋手应有的责任。"

正是由于母亲尊重孩子的选择，这才成就了后来的谢军，使她成为中国国际象棋“皇后”。

选择是一种能力，父母要注重男孩选择能力的培养，它是建立在对自己负责的基础上的。尽管有的男孩年龄尚小，但他们也有自己独立的人格，男孩的事应该由他们自己做出决定。如果父母能够把选择的权利交给男孩，尊重男孩的选择，男孩就会对自己负责，就会根据自己的兴趣爱好，选择自己想要走的道路。这样，男孩做事情才是发自内心的，才会做出令人吃惊的成绩来。

1.尊重男孩的意愿

男孩是有独立意识的人，父母要尊重男孩的意愿，给予他选择的权利。今后的路要他自己走，由他自己承担选择的后果，也是为他自己人生负责任的开始。

作家聂鑫森的儿子曾经在中国人民大学读新闻专业，后来，儿子想放弃新闻专业的学习，重新学习中文，对此，聂鑫森非常开明，他尊重儿子的决定。

聂鑫森是这样记录这件事情的：

2001年冬，我去北京参加中国作家代表大会，住在奥林匹克饭店，离儿子读书的地方不算太远。儿子到饭店来看过我几次，有一次是和外甥许卓仁、侄女易慧一起来的。我们一起吃饭，喝啤酒，儿子显得有些闷闷不乐。在我将离京返湘的前一天，儿子来为我送行。与我同住一室的何立伟上街去了，宿舍里就我们父子俩。

儿子很久很久都没有说话。

我耐心地等待着。

终于，儿子下定了决心，说：“爸爸，我想跟你商量一件事。”

我说：“你说吧。”

“我不想在北京读书了。”

我大吃一惊，但很快就镇静下来了，温和地问：“为什么呢？”

“爸，我想学中文，新闻课程可学的东西不多，真的。我想重新参加明年的高考，然后好好地读几年书，打牢基础。”

“可北京的时光白费了。”

“不，没有白费，我认识了不少人，积累了不少生活经验，我想，这对于写作是有用的。”

我又一次点了点头。我觉得儿子的决定不是草率的，他能下这样的决心，从心底里说我是欣赏他的。“好。离高考还有几个月，你就拼此一搏吧。”

儿子灿烂地笑了。

这年寒假，儿子把所有的行李都带回来了，然后参加了一个高考特训班，开始了他人生一场真正的拼搏。

几个月过去了，儿子满怀信心地又一次参加了高考，最终被湖南文理学院中文系录取。

尊重男孩的选择，是让男孩学会独立生活的前提。篮球明星乔丹的妈妈曾深有体会地说：“在对孩子放手的过程中，最棘手的问题是让孩子去追求自己的梦想，让孩子自己做出决定与选择。”可见，想让男孩真正独立，就一定要把选择的权利交到男孩的手中。

2.引导男孩做出自主选择

世界著名的意大利男高音歌唱家帕瓦罗蒂，就是因正确的人生选择而向人们展示了他歌唱方面的才华。

帕瓦罗蒂小时候就显示出了唱歌的天赋。长大后，他仍然喜欢唱歌，但是他更喜欢孩子，并希望成为一名教师。于是，他考上了一所师范学校。

临近毕业的时候，帕瓦罗蒂问父亲：“我应该怎么选择？是当教师呢，还是成为一名歌唱家？”他的父亲这样回答：“孩子，如果你想同时坐两把椅子，你只会掉到两把椅子之间的地上。在生活中，你应该选定一把椅子，并且在选定之后，你就要义无反顾地坚持到底。”

听了父亲的话，帕瓦罗蒂选择了唱歌。可遗憾的是，7年的时间过去了，他还是无名小辈，他甚至想到了放弃歌唱事业。但帕瓦罗蒂想起了父亲的话，于是他坚持了下来。

又经过了一番努力后，帕瓦罗蒂终于崭露头角，并且声名鹊起，成了活跃于国际歌剧舞台上的最佳男高音。

当一位记者问帕瓦罗蒂成功的秘诀时，他说：我的成功在于我在不断的选择中选对了自己施展才华的方向，我觉得一个人如何去体现他的才华，就在于他要如何去选择人生奋斗的方向。

当男孩面临选择时，父母不要指手画脚地下命令，要学会给男孩提建议，尽量让男孩自己做决定。如果男孩碰到困惑难解的问题，父母明智的做法是与男孩一起商量、探讨、比较各种方案或观点的优劣，引导男孩做出正确的选择。父母也可以说出自己的观点，讲清楚自己的理由，让男孩来选择，但在任何时候父母都不要把自己的决定强加到男孩头上。

在教导男孩自主选择的同时，父母也要让他们学会为自己的选择负责，他们无论选择了什么样的道路都要脚踏实地一步步做起，正确的选择配上正确的方法才能走向成功。

坚定的信念，让男孩一路披荆斩棘

信念是认识、情感和意志的有机统一，是一种综合性、稳定性和持久性很强的心理品质。人生可以没有很多东西，却唯独不能没有信念。世界上没有什么挫折能够击倒信念，精神和信念的力量是无穷的，只要你胸中有理想，心中有希望，什么困难都是可以战胜的。

罗杰·罗尔斯是美国纽约州历史上第一位黑人州长。他出生在纽约声名狼藉的贫民窟。这里环境恶劣，充满暴力，是偷渡者和流浪汉的聚居地。在这儿出生的孩子，从小逃学、打架、偷窃甚至吸毒，长大后很少有人从事体面的工作。然而，罗杰·罗尔斯是个例外，他不仅考入了大学，而且成了州长。

在记者招待会上，一位记者对他提问："是什么把你推向州长宝座的？"面对三百多名记者，罗尔斯对自己的奋斗史只字未提，只谈到了他上小学时的校长——皮尔·保罗。

1961年，皮尔·保罗被聘为诺必塔小学的董事兼校长。当时正是美国嬉皮士流行的年代，他走进诺必塔小学的时候，发现这里的穷孩子比"迷惘的一代"还要无所事事。他们不与老师合作，旷课、斗殴，甚至砸烂教室的黑板。皮尔·保罗想了很多办法来引导他们，可是都没有奏效。后来他发现这些孩子都很迷信，于是在他上课的时候就多了一项内容——给学生看手相，他用这个办法来鼓励学生。

当罗尔斯从窗台上跳下，伸着小手走向讲台时，皮尔·保罗说：

“我一看你修长的小拇指就知道，将来你是纽约州的州长。”当时，罗尔斯大吃一惊，因为长这么大，只有他奶奶让他振奋过一次，奶奶说他可以成为一艘5吨重的小船的船长。这一次，皮尔·保罗先生竟说他可以成为纽约州的州长，这着实出乎他的预料。他记下了这句话，并且相信了它。从那天起，罗尔斯的衣服不再沾满泥土，说话时也不再夹杂污言秽语。他开始挺直腰杆走路，在以后的40多年间，他没有一天不按州长的标准要求自己。51岁那年，他终于成了州长。

在就职演说中，罗尔斯说：“信念值多少钱？信念是不值钱的，它有时甚至是一个善意的谎言，然而你一旦坚持下去，它就会迅速增值。”

理想和信念是人们的精神支柱，是人生路上的一盏明灯。很多时候，教育男孩不像想象的那么困难，不在于天天和男孩讲什么道理，也不在于一定让男孩要进多好的学校，更不在于男孩门门功课是多少分，关键是从小就要给他树立一个信念。罗杰·罗尔斯的成功就是最好的证明。

信念决定一个人会走什么样的路。有了正确的信念，男孩就不会走偏；有了正确的信念，男孩自然会去努力；有了正确的信念，男孩就不会到不了目的地。信念需从小一点点培养、一点点树立，一旦信念确立，以后走什么样的路即可基本确定。路靠自己走，未来的一切靠自己去完成，任何人替代不了。

信念是一种动力，它增添生活的勇气，点燃生命的希望；信念是一种价值，它体现生命的意义，创造人生的未来；信念是一种执着，是走向成功的助力，是不屈不挠的精神。所以帮助男孩树立理想和信念极为重要，它是男孩成长的动力。

总之，在男孩的成长过程中，父母要做的就是帮男孩树立正确的信念，只要男孩有了正确的信念，一切无须担忧。

1.给男孩信念的力量

信念是抽象的，且男孩年龄小，主观上可能不会意识到自己某一信念的存在，但是，潜藏在男孩心灵深处的信念总是要支配男孩行动的。所以，父母可以通过积极的心理暗示，来帮助男孩建立正确的信念。

美国心理学家认为，任何一个学生都可以不费吹灰之力就学会所有学科。基于此，他们得出了“没有学不会的学生，只有教不好的老师”这个结论。

为了证明以上结论，美国心理学家找来一班数学成绩很差的学生，同时请来一位优秀的数学教师为这班学生讲课，心理学家则在旁全程跟进。几个月下来，这些学生的数学成绩依然只有四五十分。该实验结果推翻了心理学家之前的结论，他们不得不重新分析其中的原因。心理学家发现，这群数学成绩很差的学生都有一个牢固的信念：数学不仅难而且枯燥无味。如果学生一直带着这种信念，再优秀的数学老师也不能使他们成绩提高。

为此，心理学家开始每天对这群学生进行两小时的催眠，在他们肉体和心灵全部放松的状态下，不断地告诉他们数学不仅易学而且有趣，他们都是数学天才。心理暗示和引导进行了一个月后，这群学生对学数学的信念完全转变，这时心理学家又请回之前那位数学老师。几个月后，这群学生的成绩都达到90分以上。

可见，当男孩遇到挫折和失败时，需要以不断的心理上的自我暗示来获取前进中必不可少的原动力。积极的暗示带给男孩的是积极的认知和体验，能帮助男孩稳定情绪、树立自信心及提供战胜困难和挫折的勇气，保持积极向上的精神状态。

当男孩感到信心不足时，父母应该鼓励男孩进行积极的自我暗示，让男孩把“别紧张，我能行”“我一定能成功”之类的话写下来，或者大声说出来。也可以在此基础上，让男孩根据自己的实际情况拟定一句鼓舞斗志的话，每天都念上几遍，这样就可以让男孩坚定信念。

总之，在信念问题上，父母要充分认识正确信念对男孩成长起到的促进作用，随时注意男孩的行为，帮助男孩树立正确的信念。

2.帮男孩建立自信心

自信心是一种积极的心理品质，是一种促使男孩向上奋进的内部动力，更是一种能使男孩取得成功的催化剂。这种心理品质应该从小培养，从家庭起步。

鲁西南深处有一个小村子叫姜村，离县城有十几公里的路程。但就是这个偏僻的村子在方圆几十里内却非常有名。原来，从很久以前，这个小村子每年都会有几个孩子考上大学，读上硕士、博士。久而久之，“大学村”成了姜村的新名。

村里只有一所学校，每个年级一个班。很早以前一个班级只有十几个孩子。现在不同了，周围十几个村的父母都千方百计把孩子送到这里来。因为他们觉得把孩子送到了姜村，就等于把孩子送进了大学。在惊叹姜村奇迹的同时，人们也都在思索着：是姜村的水土好吗？是姜村的老师有教育孩子的秘诀吗？其实村子里的人也不知道这是为什么，但大家都隐隐感觉这件事与当年的那位老教授有关。

事情还得从二十多年前说起。原来的姜村小学也不过是山区里再普通不过的一所小学，可是就在那一年，小学调来了一位五十多岁的老教师，听人说这个教师是一位大学教授，不知什么原因被调到了这个偏远的地方。这个老师教了不长时间以后，就有一个说法在村里流传：这个老师能掐会算，他能预测孩子的前程。他说有的孩子能成为数学家，有的孩子能成为音乐家，有的孩子能成为作家。

之后，大人们发现，他们的孩子与以前大不一样了，他们变得懂事而好学，老师说会成为数学家的孩子，更加刻苦地学习数学；老师说会成为作家的孩子，语文成绩突飞猛进；老师说会成为音乐家的孩子课余时不再贪玩，而开始专心地练习乐谱了。孩子们再不用像以前那样严加管教，他们都变得十分自觉。因为他们都被灌输了这样的信念：他们将来都是杰出的人，而好玩、不刻苦的孩子都是成不了杰出人才的。

就这样过去了几年，当年的那些孩子要参加高考了。奇迹发生了，他们当中大部分人都以优异的成绩考上了大学。

后来，老教师年龄大了，离开了村子。他把预测的方法教给了新来的老师。那以后，姜村每一年都会考出大学生。

那位老教师真的是能预测未来的先知吗？当然不是，事情的真相是，老教师只不过是在那些幼小孩子的心里种下了自信的种子而已。

自信是一个成功者最重要的心理素质之一，也是男孩在成长过程中的精神核心，是促使男孩充满信心去面对困难，努力实现自己愿望的动力。但它并非与生俱来，必须由父母对男孩从小加以正确引导，才能使男孩逐渐学会相信自己，建立自信心。

试试看，鼓励男孩大胆尝试

尝试，是人们走向成功的必经之路。没有尝试，就不能发现失败的根源，更不能找到成功的大门。尝试给人带来的是对事物更为深刻的了解，是经验的积累。

在很久以前，古罗马有一位贤明的国王，他年纪渐渐大了，当得知自己命不久矣时，他很想通过测试从三个儿子中挑选一个继承人。于是，他命令一个大臣在一条两边临水的大道上放置一块光滑的巨石。无论谁想通过这条大道，都得面对这块巨石。通过的方法只有3个：要么从水路绕过，可太费时间；要么从石头上爬过，可石头太光滑；要么把它推开，可谁有那么大的力气呢？

国王叫来三个儿子，分别交给他们每个人一封信，吩咐他们先后经过那条大道，把信送到对面的大臣手里。谁最先将信送到，谁就能成为未来的国王。最后，三个儿子都完成任务回来了。国王问：“你们是如何通过那块巨石的？”

大儿子说：“我是从旁边的水路划船过去的。”

二儿子说：“我也是从水路过去的，不过我是游水游过去的。”

小儿子说：“我是从大道上跑过去的。”

“这怎么可能呢？难道巨石没有挡住你的去路吗？”大儿子和二儿子都很奇怪。

“没有啊，我只是用手使劲一推，它就滚到河里去了。”

“孩子，你是怎么想到用手去推它的？”国王问他的小儿子。

“我只不过想去试试，”小儿子说，“谁知我一推它，它就动了。”

原来，那块巨石是国王和大臣用很轻很轻的材料做的。所以最后，这位敢于尝试的小儿子继承了王位，成了新国王。

人生就是这样，只有不停地尝试，才能成功，不要让自己陷入自己设置的局限之中，每个人都不知道自己能成为什么样的人，所以只要我们决不放弃，敢于不停地尝试，奇迹是可能发生在我们身上的。

在教育男孩的过程中，培养男孩勇于尝试的精神，是必不可少的一步。因为人一旦失去了尝试的勇气，就失去了一切可能成功的机会。

在男孩想要尝试做某件事情的时候，父母首先要用欣赏的眼光看待他，鼓励男孩尝试一下，父母可以说："你去试试吧，相信你能够做好的。"这样不断鼓励男孩去尝试，男孩才能在尝试的过程中体验获得成功的快乐，树立信心。

索因卡是尼日利亚剧作家、诗人、小说家、评论家，也是第一个获得诺贝尔文学奖的非洲作家，他出生于一个知识分子家庭。父亲是当地教会学校的校长，这使他从小就受到了西方和非洲传统文化的双重教育。

索因卡的父亲是个戏剧迷，一有空就会带着小索因卡去剧院观看戏剧，索因卡从小受父亲影响，也深爱戏剧。时间一长，剧团里的名角及所演的代表戏剧，小索因卡都如数家珍；甚至戏剧里的某一段台词，他都能背得滚瓜烂熟。

有一次，一个剧团正在进行演出，最先出场的是一个比索因卡大不了多少的小演员。这个演员是一个名角，刚一出场就赢得了观众的掌声。但是，这次他没有发挥好，他的嗓音沙哑，眼神呆滞，刚表演片刻就晕倒在地了。演员晕倒了，戏不能进行了，剧场里一片混乱，剧团的团长急得六神无主。

台下，小索因卡和父亲也在一起等候看戏。这时，周围认识他的人对他开玩笑说："索因卡，你去试试，一定行。"

小索因卡心中一动，他想：对啊，这个剧目我早就熟悉了，台词也烂熟于心，何不去试试，肯定不会怯场。

渐渐地周围的人不再是开玩笑，而是认真地提议，让他去试试，小索因卡扭头看了看父亲，希望得到他的支持。父亲微笑着说：“如果有把握，就去试试看，是一个难得的机会。”

“爸爸，你难道不反对吗？”

“那是你自己的事情，你应该学会自己做主，自己决定。不管怎么样，试一试还是有好处的。”父亲对他说。

于是，台下便有人冲台上喊道：“演员已经有了，请欢迎索因卡上台表演。”就这样，小索因卡在父亲的鼓励和观众的簇拥下走上了舞台。

剧团团长看了看小索因卡，起初还有些犹豫，但是看到观众都极力推荐他，团长又实在找不到其他临时演员，也就答应让他试试。

尽管小索因卡开始时有些紧张，但当他熟悉了舞台后，便忘掉了周围的一切，全身心地投入到了情节之中。他的动作由稚嫩变得娴熟，感情也越来越投入了，一下子征服了观众。

从那以后，小索因卡对戏剧的爱好更强烈了，知名度也越来越高，长大后成了一名杰出的剧作家。这一切与他父亲当时的支持和鼓励是分不开的。

男孩在成长的过程中，会经历许多人生的第一次，必然要尝试许多事情。只有放手让男孩大胆地不断尝试，他们才会获得生活的经验与成功的喜悦。如果父母出于保护孩子的目的，而剥夺了男孩尝试的权利，那么，男孩就永远无法迈出第一步，更无法取得进步。

对于男孩来说，尝试和探索都是一种学习的机会，只有在不断的尝试和探索中，男孩才能不断学习到为人处事的方法，树立男孩的自信心，提高男孩的能力，促使他向更高的目标迈进！

1.给男孩尝试的勇气

男孩有时会拒绝尝试新的或困难的事，但如果父母能启发他们找到解决问题的方式，或帮他们将目标确定成“试一试”，男孩的内心会轻松许多。如父母有启发性地问男孩“你觉得该怎么办呢”，允许男孩在尝试的过程中犯错误并改正错误，即便是在尝试中失败，也要让男孩觉得从中有所收获。只有这样，才能使男孩学会自我调节，克服困难去追求下个目标。

2.为男孩提供尝试的机会

给男孩多多提供尝试机会是实施挫折教育的一个有机组成部分。原因很简单：男孩一旦被剥夺了尝试的机会，也就等于被剥夺了犯错误和改正错误的机会，因此也很难迈向成功之路。

5岁的小刚十分喜爱爸爸给他买的那双有漂亮鞋带的运动鞋，可他还小，老学不会系鞋带，有好几次还系成了解不开的死结。妈妈有点心烦，主张去商店给小刚换一双不用系鞋带的“方便鞋”，但爸爸不同意。他鼓励小刚说：“系鞋带并不比吃饭难学，只要多练习几次，你肯定就能学会。”他还细心地将一条旧领带拴在椅背上以便孩子可以更多，更方便地练习打结。果然，不出3天，小刚不仅学会了系活结，而且还学会了好几种系鞋带的方法。

父母应该鼓励男孩去尝试他们从未接触过的事，不必事事包办。许多事情男孩自己完全可以做得很好，父母应该放心让男孩自己去做，让男孩认识到自己能行，这才是最重要的。

远离伤害，加强男孩的自我保护意识

自我保护能力作为生存教育的一个主题，是适应社会，作为现代人所应具备的素质之一。而孩子是祖国的未来、民族的希望，他们的健康和安全时刻牵动着父母的心。因此，从小培养男孩的自我保护能力对男孩的成长具有重要的意义。

但现实生活中，一些父母为了防止孩子遭遇危险和意外，习惯将孩子置身于自己的庇护之下，对孩子进行过度的保护。其实，这是孩子成长中的一大阻碍，是对成长中的孩子的一种莫大伤害。因为孩子总要长大，要自己走上社会，因为在激烈的社会竞争中最好的“保镖”是自己，所以父母的过度保护会使孩子的能力得不到很好的发展，男孩一旦走上社会就会相形见绌。

5岁的小雨进入幼儿园后，老师发现这个男孩特别胆小，总是躲在角落里，既不敢跟小朋友玩耍，也不敢碰任何一件玩具。后来老师了解到，小雨在家里被父母保护得非常严密。从小开始，无论他想碰什么东西，奶奶都会马上跑过去阻止：不要动水壶，小心烫着！不要碰电视，小心漏电！不要靠近柜子，小心被它的角磕着……久而久之，小雨变得什么东西都“害怕”，对探索外部世界意兴阑珊。显然，奶奶的过度保护导致小雨的探索能力和创新思维能力逐渐被磨灭。

由此可见，父母对男孩过度的保护也会成为一种伤害。男孩在成长的过程中，必须要经历一些磨难，这是一种规律。正如一位教育专家所说：“你不让他跌倒，他就永远不知道跌倒的滋味。父母不可能保护孩子一辈子，当有一天他跌得更重时，可能就爬不起来了。”父母过度保护孩子，不仅让孩子失去了在生活中锻炼的机会，使其丧失独立生活能力、社会交往能力，更会让孩子失去建立自信心、自尊心的机会。而缺乏这种能力的人，不仅照顾不好自己，而且在集体生活中很难找准自己的位置。所以，父母不能过度保护孩子，剥夺孩子体验生活的过程与机会。

有一名9岁的小男孩放学后，在回家的路上忽被一中年妇女拦住，该妇女声称是其母的好友。“你妈正忙着，让我来接你去玩，汽车就在前面停着。”她一边说，一边急着想把小男孩抱起。小男孩疑惑地退后，突然机敏地甩出一句：“你认识我妈，那她叫什么名字？”妇女一时无言以对。小男孩见状立即转身向不远处的同学呼救，并跑了过去。那妇女见状马上慌张地逃遁了。

在当今社会，虽然并非处处都是尔虞我诈、充满凶险，但也绝不像孩子们想的那样“一片净土”，针对儿童的一些违法犯罪行为在我们的身边时有发生。作为父母，有必要进一步加强男孩自我保护意识的培养。

自我保护能力是人的本能，也是男孩在社会上生存所必备的基本能力之一。学会保护自己是男孩成长过程中重要的一步。为了保证男孩的身心健康和安全，使男孩顺利成长，父母应该从男孩年幼时就加强对他们自我保护意识的教育，培养和提高男孩的自我保护能力，让男孩走出温室，健康、快乐以及安全地成长。

1.对男孩进行安全意识教育

男孩没有什么生活阅历和经验，年幼无知，他们又不知道什么事情能做、什么事情不能做，有时他们还喜欢做一些危险的尝试。对此，父母应该经常对男孩进行一些安全意识教育，让男孩通过看电视、听故事以及亲眼所见的由于不注意安全而导致灾难发生的事例，积累一些简单的社会经验，进而向他们提出一些安全规则，并讲清原因。

2. 教给男孩发生意外时的应急措施

让男孩懂得一些基本应急措施是非常必要的，比如遇到意外时，男孩要学会打救援电话，如110、119、120等；男孩要懂得一些基本的医学常识，如急救的方法；万一被坏人强行带走，男孩要懂得找机会逃脱等。危险和意外是时时存在的，如果不给男孩讲清楚，那么男孩在遇到危险和意外的时候就会束手无策，不能及时化解危险。父母要从身边的小事入手，教男孩掌握基本的应急措施。

3. 让男孩机智应对校园“小霸王”

在中小学中弱小的男孩常受到校园“小霸王”的攻击、取笑，甚至勒索。男孩被欺负所造成的不仅是物质上的损失，对其心理上的不良影响更为严重。受欺负的男孩常常情绪低落，觉得自己无能，害怕上学。由于受到“不准告诉别人，否则加倍和你算账”之类话的威胁，他们常常不敢和别人讲，甚至瞒着自己的父母。

男孩受到“小霸王”的欺负，无论在外在还是精神上都会有所表露的。例如，衣服上有泥巴，身上有瘀青，情绪低落，说话支吾。父母要善于从男孩的反常表现中发现蛛丝马迹，及早地发现问题。对此，父母一方面应和学校联系；另一方面，父母也应教给孩子免遭“小霸王”欺负的一些有效方法。

首先，要教育男孩树立强者形象。弱小的男孩见到“小霸王”往往害怕、不安，越是这样越容易受到欺负。遇到这种情况时，父母应教导男孩以强者的姿态面对“小霸王”，心里不要害怕，勇敢地盯住对方的眼睛，坚定、大声斥责对方：“走开！”“小霸王”就会惊讶于男孩的义正词严而不敢再纠缠。

其次，父母要鼓励男孩交朋友，团结别的孩子一致行动。在校园里不要独来独往，上学和回家的路上要和朋友们结伴而行，使“小霸王”无可乘之机。

第七章

管理好自己就能飞，让男孩成为真正的男子汉

律己者律世，提高男孩的自制力

所谓自律，是一个人为执行某种任务而控制自己的情绪，约束自己言行的能力。它是一种可贵的意志品质，是一个人在事业上取得成就的重要条件。

14世纪，有个名叫罗纳德三世的贵族，是正统公爵，他弟弟反对他，把他打败了。弟弟想要摆脱这位公爵，但又不想杀死他，便想了个办法。罗纳德三世被关进牢房后，弟弟命人把牢房的门改得比以前窄一些。罗纳德三世身高体胖，出不了牢门。弟弟许诺，只要罗纳德能减肥并自己走出牢门，就不仅能获得自由，连爵位也能恢复。

罗纳德三世十分清楚自己的处境，他弟弟每天都会居心叵测地送来十分诱人的美食。但罗纳德三世望着美食，却只选择了一点素菜来充饥。几个月后，罗纳德三世果然瘦了下来，而他的弟弟面对瘦下来的罗纳德三世也只好兑现诺言，让其获得自由并恢复爵位。

从这个故事可以看出，自制力强的人能够控制、支配自己的行为，并能自觉地调节自己的行为。

自制力是自我管理的一种能力。每个人都需要有自制能力，男孩也如此。对于男孩来说，由于中枢神经系统尚未发育完善，神经纤维尚未全部髓鞘化，传递的神经行动容易泛化，不够准确，因此会表现出自制能力比较弱的状态。所以，作为父母，应该注重男孩自制力方面的培养。为了让男孩健康成长，父母不仅要给男孩自由的成长空间，还要从小注重对男孩自制能力的培养，这对男孩健全的人格和优良的道德品质的形成非常重要。

有位心理学家曾经把一群五六岁的孩子集中在一间屋子里，并告诉这些孩子，有一些很好吃的糖果，如果现在要吃，每人可以得到1颗糖果，如果等他办完事情回来再吃，每人就可以得到10颗糖果。结果，等心理学家关上门走后，孩子们的表现各不相同，有的孩子迫不及待地拿了1颗糖就吃，而有的孩子能抵御住诱惑，一直等心理学家回来，得到10颗糖。

心理学家通过多年的跟踪研究发现，那些用坚韧，顽强的毅力克制自己欲望的孩子，更稳重可靠，更能快速地适应环境，人际关系更融洽。而那些克制力差的孩子则显得固执，孤僻，易受挫折，遇到压力易退缩，面对竞争易发慌。

这个实验很好地说明了自制力对于一个人的影响。生活中，人们会碰到许多诱惑，自制力弱的人往往不知不觉陷入其中；而自制力强的人能控制自己的欲望并做出有利于自己和符合社会需要的行动。古今中外成大事者，无不拥有强大的自制力。

自制力是男孩具有优秀品质的一种表现，自制力的养成对于男孩的将来有着极为重要的影响，正如著名文学家高尔基所说："哪怕对自己一点小的克制，都会使人变得强而有力。"因此，父母培养男孩的意志品质，要从男孩"小的克制"入手。

1.让男孩学会忍耐和等待

法国教育家卢梭在《爱弥儿》一书中问父母："你知道用什么办法

准能使你的孩子得到痛苦吗？这个办法就是：百依百顺。”想要什么马上就能有什么，会使男孩变得越来越任性，越来越贪心。而男孩一旦离开家庭走入社会，那种任性、暴躁、急功近利的性格一定会令他们饱受挫折和打击。

元元是一个5岁的小男孩，一直被家人呵护在掌心。这天，元元和妈妈路过商城的玩具柜台，元元看上了一个“奥特曼”，他立刻抱在怀里非要妈妈买给自己。因为家里已经有好几个“奥特曼”了，这个只是颜色不同而已，妈妈觉得没有买的必要。然而，元元却怎么也不肯走，他大声叫喊着：“我就要！不给我买的话你就是坏妈妈！”妈妈拽着元元的胳膊想把他拉走，但元元却使劲朝反方向用力，最后干脆就势倒在了地上，又哭又闹起来。妈妈虽然心中满是恼怒，但架不住元元的折腾，忙把售货员叫过来开票，最终买下了“奥特曼”。此时，元元一骨碌从地上爬起来，抱着“奥特曼”欢快地向前跑去，妈妈无奈地叹了口气，一路小跑地跟在元元身后。

在男孩的成长过程中，父母需要从生活中一点一滴的小事做起，培养男孩的耐性，而培养的技巧就在于“延迟满足”，让男孩学会等待。例如，对每次都把零花钱很快花光的男孩，父母可以说：“如果你能忍住一星期不花零花钱，下周可以加倍给你，你可以把钱攒起来买你需要的东西了。”这样一来，男孩就学会了等待，学会了忍耐，克制了自己花钱的冲动。再如，一桌晚餐摆放在桌上，爸爸还没有回来，男孩就嚷着要吃，妈妈不要立即满足他。妈妈可以这样对男孩说：“爸爸的肚子也很饿呀！可他还在辛苦的工作。我们等爸爸回来，一家人一起吃饭，那该多幸福呀！”在这等待的过程中，男孩忍住自己的饥饿，期盼着爸爸的归来，这既是对男孩忍耐性的考验，也是教育男孩学会分享、关爱他人的佳机。

2.给男孩立规则

有一位妈妈曾经要求自己的儿子："你早上必须按时起床，否则我会认为你不打算吃早餐了，你要学会为自己的行为负责。"

有一次，儿子起床晚了，超过了妈妈所规定的时间。当他来到餐桌前，妈妈早已收拾好了一切，并把他的早餐收走了。

儿子看着妈妈，似乎想为自己的过失辩解一番，妈妈对他说："真遗憾！我也很想把牛奶和面包留给你，但我们以前有过约定，我不能随意破坏它。"

制订一些规则，让男孩持之以恒地执行，对于男孩自制力的培养很有意义。这些规则可以涉及生活、学习等方面。规则不要太多，也不用过细，那样会压抑男孩的探索欲望。对男孩制订的规则，要让男孩坚决、严格地执行。男孩不经过磨炼是不能学会自制和自律的，让他吃点小苦头，却能培养出让他终身受益的自制力。父母切不可过于溺爱男孩，动摇了立场而使男孩得过且过，这样做最终受害的是男孩。

爱运动的男孩最健康

生命在于运动，缺少运动的生命，是短暂的。运动不仅能增强体质，培养乐观、积极向上的精神，增强人体对疾病的抵抗力，同样也是健康生活方式和高质量生活的有机组成部分。从这个角度讲，人们保持健康的一个根本途径就是要养成健康的生活习惯，养成热爱运动的好习惯。

在欧美，运动历来为人们所推崇。不管是橄榄球、足球，还是击剑、马术，几乎所有运动健将都是欧美青少年心目中的英雄。健康的身体与阳光的心态是成为绅士或者淑女的基本要求。体育运动不仅可以强身健体，更重要的是能够激励人们恪守已经建立起来的规则，培养人们成为有责任感的团队成员。

运动，不是有钱人的专利，是任何人都可以进行的活动。运动可以为人增添活力，提高生活情趣，这是大家公认的道理。许多成功人士都是体育运动的爱好者：船王包玉刚是一个非常爱运动的成功人士，他每天清早都做45分钟的运动，最喜欢的运动是跳绳和游泳；李嘉诚也喜欢运动，他每天起床的第一件事就是去打一会儿高尔夫球；法国启蒙思想家伏尔泰喜欢散步、跑步、击剑、骑马、游泳、爬山等运动，直到80岁高龄时，还和朋友一起登山看日出；布什每周跑步4～5次，举重至少2次；爱因斯坦从小喜欢运动，一生坚持不懈，直到老年，人们尊重地称他为“老年运动家”；日本作家村上春树坚持“早睡早起，每天跑10公里”；毛主席酷爱游泳，曾畅游长江40多次，他更是把体育运动的意义提到一定的高度：“发展体育运动，增强人民体质。”

运动是保持身体健康的最有效的方法之一，如果没有健康的身体，我们拿什么去取得成功。因此，我们要养成运动的好习惯，让运动给我们带来旺盛的生命力。

运动如此重要，但往往被很多父母忽视。不少父母认为：“考试的分数是最重要的，锻炼身体则无所谓。”但事实上，运动对于男孩来说，无论是对身体上还是心理上都有非常重要的作用，而且运动还能够促进男孩的学业。英国埃克塞特大学的安杰拉·博尔丁已经发现，10～11岁的在校学生中，每周参加3～4次体育锻炼的人，平均考试成绩都会高出其他不锻炼的人，这种现象在男孩子中更为明显。她认为有氧运动可以为大脑送去更多氧气，从而提高大脑运转速度。

吴光今年20岁，刚刚进入大学校门。从小开始，运动就一直是他生活中必不可少的重要项目。吴光刚7个月大的时候，爸爸就带吴光参加了一次家庭游泳活动。活动不仅有意思，也让孩子得到了真正的锻炼。到吴光1岁的时候，爸爸妈妈就常带他到儿童游泳馆去玩。小吴光似乎天生喜欢玩水，每次一到水里就显得特别开心，尽情地跟爸爸妈妈还有其他的小伙伴嬉戏。

吴光的父母都很热爱运动，他们喜欢打乒乓球，希望乒乓球能成为一项家庭运动，这样全家人就都能享受这种运动所带来的快乐了。于是他们去打乒乓球的时候，尽可能带吴光一起去。他们不强迫儿子，也不给吴光过多指导，就简单地让他按照自己的方式打球。这样下来，到吴光四五岁的时候，他的乒乓球已经打得像模像样了。

吴光6岁的时候，看到电视里的体操表演，就又对体操产生了兴趣。妈妈全力支持，每个周末都带吴光去参加健康俱乐部的体操课。吴光学得很认真，而且他特别有天赋。父母还常常和吴光一起看电视里的体育节目。通常，吴光和妈妈会支持服装漂亮的比赛队伍，而爸爸则为他喜欢的队加油。

为了鼓励儿子练习体操，爸爸妈妈有时候会给儿子录像。小吴光喜欢看录像里的自己，父母把体操练习变成电视演出的方式，让吴光来了不少精神，而且，这样做也帮助吴光看到自己的进步和不足。他们还把录像带寄给了远方的奶奶。

在成长中吴光从来没有停止过锻炼，长大后的吴光，身体健康，精力旺盛，也很聪明，而且，他的抗挫能力也较强。即使吴光偶尔成绩不理想，他也不会垂头丧气，而是依旧对自己充满信心。

吴光说，他对体育锻炼有着深厚的感情，运动已经成为他生活中不可缺少的一部分。

对于男孩来说，运动是最好的活动。西方教育的一个重要核心是体育，在欧美地区越是知名的学校越是拥有大量的运动场地。著名的英国伊顿公学可以同时举行30场足球比赛。从小培养男孩对运动的热爱，形成运动的习惯，可以让其终身受益。所以，父母应把培养男孩的运动习惯当作一项任务来完成，支持男孩运动。

1.鼓励男孩多参加体育锻炼

儿童时期是人体发育的重要时期。这一时期成长发育的好坏，对人一生的体质和体型的好坏有很大的影响。因此鼓励男孩进行合理的体育锻炼，有着重要的意义。

宋庆龄的父亲宋耀如在教育子女时奉行的是“敢为天下先”的原则，教育他们要自立、自信、自强，注重培养他们个人奋斗的精神，这种教育理念被当今的父母所称道。宋庆龄成为中国政坛上显赫的人物与父亲的教育是密不可分的。

有一次，宋耀如选择在一个雷电交加的日子，带着孩子们去龙华古刹。他让孩子们丢开手中的雨伞参观龙华古刹，并对孩子们说：“孩子们，看看这座古刹，千百年来不怕风雨雷电，仍然高高耸立，为什么？因为它基础牢固，骨架紧密。既然你们立志将来要投身革命，就要从小打下良好的基础，练骨架，现在我们一起进行比赛，围绕古刹跑六圈，看谁先到达终点！”

宋耀如带着孩子们跑起来，孩子们个个快速地跑起来，没有一个人愿意落后，哪个孩子不小心摔倒在泥泞的地上，就会立即爬起来，继续跑……

宋庆龄深深地记住了父亲的教诲。后来，在美国求学期间，她刻苦努力，奋发向上，并积极参加各项有益的社会活动，从而为她以后的革命生涯打下了坚实的基础。

体育锻炼是父母对男孩进行素质教育的良好载体。鼓励男孩多参加体育活动，使其养成锻炼的好习惯，男孩将受益终身。

2.父母要起带头作用

父母的言行是男孩最好的老师，热爱运动的父母必然会教出热爱运动的男孩。父母的行动比任何说教都管用，因此在培养孩子运动习惯时，父母应起到带着作用。父母不需要是运动健将，只要每天尝试改变一些固有的生活习惯，如上下楼选择走楼梯，回家时早一个车站下车走回家，这样便能为培养孩子爱运动的好习惯起带头作用。

3.制订运动计划

培养男孩运动习惯还需要仔细规划。没有任何习惯的养成是一天完成的，父母应当有仔细的计划，或者和男孩共同制订运动计划，可以是每天完成一定的运动量，也可以是每个月学会或提高一种运动技能。这样就会避免男孩对运动“三分钟热度”的现象出现。也会让男孩在精神上得到鼓舞，更有利于男孩把运动坚持下去。

教男孩学会自我激励，挑战自己

所谓自我激励，就是通过激发人的行为动机的心理，使人处于一种兴奋状态。这是一种积极的自我心理暗示，常能帮处于消极状态的人打消自卑感，增强自信心和进取心。

德国人力资源开发专家斯普林格在其所著的《激励的神话》一书中写

道："强烈的自我激励是成功的先决条件。"世界上有突出成绩的人，无不是在这种高度的自我激励下，朝着自己的目标不断前进，最终实现自己的理想。

国际影星史泰龙在未成名时，一度身上只有100美元和一部根据自己真实经历创作的剧本《洛奇》。他挨家挨户地拜访了好莱坞的所有电影制片公司，寻求演出的机会。当时好莱坞总共有500家制片公司，史泰龙逐一拜访过后，没有任何一家公司愿意录用他。史泰龙面对500次的冷酷拒绝，他毫不灰心，回过头来，又从第一家开始，挨家挨户地自我推荐。第二轮拜访后，好莱坞的500家公司，仍然没有一家肯录用他。史泰龙没有放弃希望，他激励自己："没有所谓的失败，只是暂时不成功而已。"他把1000次的拒绝，当作是绝佳的经验。接着他又鼓励自己从1001次开始。后来他又经过多次上门求职，总共经历了1855次冷酷的拒绝，他的毅力终于感动了"胜利女神"——终于有一家电影制片公司同意采用他的剧本，并聘请他担任自己剧本中的男主角。史泰龙的希望"兑现了"，电影《洛奇》一炮而红，他成了超级巨星，美国新一代的英雄偶像。

有谁能在面对1855次的拒绝后，仍然保持一个良好的心态？如果不是史泰龙懂得自我激励，他不会在遭受了那么多次拒绝之后还能站起来。由此可见自我激励在一个人的成功道路上发挥了重要作用。

自我激励，是一个人获得成功的内在动因。人的一切行为都是受到激励而产生的，通过不断地自我激励，就会使人有一股内在的动力，朝着自己所期望的目标前进，最终取得成功。

自我激励，表现了战胜困难的高度自觉性和主动性，是一种积极、奋发向上的心理状态。美国哈佛大学的威廉·詹姆斯发现，一个没有受过激励的人，仅能发挥其能力的20%～30%，而当他受到激励时，其能力可发挥至80%～90%，即一个人在通过充分的激励后，所发挥的作用相当于激励前的3～4倍。因此，一个人只有学会了自我激励，才能不断战胜自己，真正成为自己命运的主人。

陈凯在班级里的成绩一般，每次看到考试成绩排在前5名的学生，陈凯就非常羡慕，真希望自己有一天也能像他们一样，受到老师的夸奖和同学的崇拜。陈凯想，我也不比他们笨，为什么做不到呢？为此，他为自己树立了一个目标：每次考试上升两个名次，相信自己一定可以达到最终目标。

陈凯学习更加努力了。虽然有时候考试成绩只上升一个名次，陈凯也不气馁，相信自己一定可以进入前5名。他不断地激励着自己，终于在半年后达到了自己的目标：全班第5名。他更加有自信了，相信自己一定能行，并定下向第一名冲刺的新目标。

对男孩来说，通过自我激励可以提高自我形象，从而使自己能够拥有良好的心态；而良好的心态反过来又会使男孩充满信心。男孩学会激励自己，可以让他获得前进的动力，也可以让他在面对挫折时有一颗能够重新振作的心。而不善于自我激励的男孩，往往就容易陷入悲观绝望的境地。

在生活中，父母要注重引导男孩进行积极的自我激励，教男孩通过自我激励来激发自己的潜能，从而一步步迈向成功。

1.鼓励男孩进行积极的自我暗示

俗话说：好孩子是夸出来的。夸奖就是要父母有意识的对孩子进行积极的心理暗示，给孩子带来积极的自我认识和人生体验，进而帮助孩子走向成功。爱因斯坦的父母就是利用积极的心理暗示，促成了天才的诞生。

爱因斯坦小的时候，是一个被人看不起的学生。在爱因斯坦小学毕业时，他的校长对他父亲说："您的孩子，将来从事什么职业都一样没出息。"

有一次，爱因斯坦的母亲带他到郊外玩。亲友家的孩子一个个活蹦乱跳，有的爬山，有的游泳，唯有爱因斯坦默默地坐在湖边，凝视着湖面。这时，亲友们悄悄地走到他母亲身边，不安地问："小爱因斯坦为什么总是一个人对着湖面发呆？是不是有点抑郁啊？你应该趁早带他到医院看看！"爱因斯坦的母亲十分自信地对他们讲："我的儿子没有任何毛病，你们不了解，他不是在发呆，而是在沉思，在想问题，他将来一定是一位了不起的大学教授！"

从此，爱因斯坦时常拿妈妈的话来审视和鞭策自己，并不断地进行自我暗示：我是独一无二的！我会做得更好！

这就是爱因斯坦之所以成功的原因。

当男孩遇到挫折和失败时，需要以不断的自我暗示来获取前进中必不可少的原动力。积极的心理暗示带给男孩的是积极的认知和体验，能帮助男孩稳定情绪，树立自信心及战胜困难和挫折的勇气，保持积极向上的精神状态。

2.帮助男孩确立自我激励的目标

目标就是前进的方向，它是人们迷茫时的召唤，是困难时毅然奋起的信心，是受挫时永不屈服的勇气，是失败时永不放弃的信念。

善于自我激励的人必然有明确的目标，他会朝着自己的目标不断前进。所以，父母要鼓励男孩树立明确的目标，并引导男孩向着自己的目标去努力。

一名小赛车手在比赛中得了第2名，他非常兴奋地跑回家，想把这个好消息告诉妈妈。他一冲进家门就叫道："妈妈，有35辆车参加比赛，我得了第2名！"

"这值得高兴吗？要我说——你输了！"母亲回答道。

"妈妈，你不认为第一次就跑第2名是很了不起的事吗？而且有这么多辆车参加比赛。"他抗议着。

"你用不着跑在任何人后面。如果别人能跑第1名，你也能！"母亲严厉地说。

这句话深深刻进了儿子的脑海。

接下来的20年中，他称霸赛车界，成为运动史上赢得奖牌最多的赛车选手——理查·派迪。

理查·派迪的许多项纪录到今天还保持着，没人能打破。二十多年来，他一直未忘记母亲的话——你用不着跑在任何人后面！母亲的这句话让他明白了一个道理，那就是一个人要不断地鼓励自我："我是最棒的！我要做第一！"

设定目标对男孩的一生都起着至关重要的作用，在很大程度上能决定男孩未来发展的道路。在制订目标时，父母应从男孩的实际情况出发，不可制订过大过高的目标，最好先给男孩制订些容易达到的目标，然后再逐渐增加目标的难度。

告诉男孩，每天反省一下自己

自省即自我反省，它是一个人得以认识自己、分析自己并有效提高自己的最佳途径。法国牧师纳德·兰塞姆去世后，安葬在圣保罗大教堂，墓碑上工工整整地刻着他的手迹："假如时光可以倒流，世界上将有一半的人可以成为伟人。"一位智者在解读兰塞姆手迹时说："如果每个人都能把自省提前几十年，便有50%的人可以让自己成为一名了不起的人。"他们的话，道出了自省之于人生的意义。自省，是对自己的行为、思想做深刻检查和思考，修正人生道路的一种方法。

有一次尧帝到外面巡视，看到两名士兵押着一名犯人，准备到监狱接受刑罚。尧帝就问那位犯人说："你犯了何罪，要接受国法的制裁？"

那名犯人回答说："由于久旱不雨，家里没有粮食可以奉养父母，因而我偷了别人的东西，故要接受惩罚。"

尧帝听了，就命令士兵放了那名犯人，而要求士兵把他自己押到监狱里关起来。

士兵当时很惊讶地问道："您犯了何罪须接受惩罚？"

尧帝说："我犯了两条大罪。第一，我没有德行，致使上天久旱不雨，民众因饥饿沦为盗贼；第二，我没有把子民教育好，致使他们犯罪，所以该受处罚。"

上例中的尧帝没有因为自己拥有至高无上的权力而放弃自己为国为民的责任，他勇于自我反省的精神是值得我们学习的。

自省是对自我思想与行为的审视与反思，用以发现和克服自身缺陷，以达到心理上的健康、完善，它是自我净化心灵的手段，也是人类的优良品质之一。对成人而言，具备自我反省的能力，就能正确地认识自己的优缺点，自尊、自律，有计划地规划自己的人生。遇到困难和挫折时，通过自省人们能够及时调整自己的情绪，积极进取，渡过一次次难关，一步步走向成功。

对于孩子来说，学会自我反省，更是为他们当前的良好发展和日后的人格塑造发挥重要作用。一个不懂得自我反省的孩子，永远不会懂得自己的过错与不足，这只能为他们的成长平添许多障碍与烦恼。反之，当孩子学会了自省，便能做到“扬长避短”，获得良好的进步和发展，从而成为一个自信、自立、自律的人。只有这样的人，才能顺利越过成长过程中的障碍，抵达成功的彼岸。

王亚光的爸爸去学校参加家长会时，发现儿子被老师安排在了最后一排，爸爸想：儿子个子不高，老师这样做的原因是什么？也许是孩子不认真听讲，也许是他爱说话……

孩子回家后，爸爸没有埋怨儿子，只是耐心地和孩子交流，孩子说：“每次我举手回答问题，可是老师怎么也不让我回答。”爸爸觉得必须让孩子学会反思，于是爸爸对孩子说：“老师其实已经注意到了你的优秀表现，只是老师想帮助那些基础不太好的同学，所以才没有给你机会。”

爸爸继续让孩子学着反思。爸爸问他平时都是什么同学坐在这个位子上，王亚光说是班里的“调皮大王”，老师和同学都不喜欢他。通过这样的反思，爸爸让儿子知道了什么是错误的行为，什么是正确的行为，从而让儿子自觉改正自己的缺点。王亚光经过反思，慢慢地变成了受大家欢迎的孩子。

事实证明，自我反省能够促使男孩更快地成长。自我反省是一个思想斗争过程，男孩通过自我反省，分析自己的行为动机，检验自己的行为结果，评价自己的行为道德，思考自己与品德高尚者的差距，这样才会让自己的行为有所方向，从而加强自己的品德修养。

爱默生曾经说：“人类唯一的责任就是对自己真实，自省不仅不会使他孤立，反而会带领他进入一个伟大的领域。”自我反省是男孩健康成长的一个秘诀。成长是一个不断摸索的过程，男孩难免在此过程中不断犯错误。对成长中的男孩来说，反省的过程就是学习的过程。有没有自我反省的能力、具不具备自我反省的精神，决定了男孩能不能认识到自己所犯的错误，能不能改正所犯的错误，是否能够不断学到新东西。

1.引导男孩进行自我反省

刘刚被选为班干部了，这本来是件值得高兴的事，但是，没过几天，刘刚却沮丧地对父母说：“我不想当班干部了！”

父母一问才知道，原来，孩子在当上班干部后，需要管理全班同学，许多同学对他表示不服，老是喜欢捉弄他。有时候，老师在不明真相的情况下，还会误会刘刚，这让刘刚感觉特别委屈。

刘刚愤愤地说：“做班干部真是吃力不讨好，我每天牺牲了那么多的休息时间，处处以身作则，凡事总是吃亏，还得不到同学们的理解！”

妈妈了解原因后对刘刚说：“孩子，既然你已经做得很好了，为什么其他同学会不服你呢？是不是你有了骄傲的情绪？或者你冷落了同学？还是你学习方面没搞好？或者你在处理和同学之间的问题时没有注意方法和态度？”妈妈耐心地开导刘刚。

刘刚在妈妈的引导下开始反省自己。经过深刻地反省，刘刚才意识到自己当了班干部后，不像以前那样与同学们一起玩了，总是把自己当成班干部去管其他同学，因此其他同学很不满意自己的态度。

男孩的成长是一个不断犯错，不断改正的过程。当男孩犯错时，有些父母往往不能容忍，因此一味责备男孩，甚至打男孩，结果往往事与愿违。如果父母能心平气和地启发男孩，不直接批评他的过失，男孩会很快明白父母的用心良苦，愿意接受父母的批评和教育，而且这样做也可让男孩进行自我反省，明辨自己的过失。上例中的刘刚在妈妈的引导下，对自己的行为进行了反省，最终认识到了自己的错误。

2.培养男孩每日反省的习惯

著名作家李奥·巴斯卡力写了大量关于爱与人际关系方面的书籍，影响了许多人的生活。据说，他之所以有这样卓越的成就完全得力于小时候父亲对他的教育，因为每当吃完饭时，他父亲就会问他："李奥，你今天学了些什么？"这时李奥就会把在学校学到的东西告诉父亲。如果实在没什么好说的，他就会跑进书房拿出百科全书学一点东西，告诉父亲后才上床睡觉。这个习惯一直到今天李奥还坚持着，每天晚上他都会拿10年前父亲问他的那句话来问自己，若当天没学到什么新知识，他是不会上床睡觉的。这个习惯时时刺激他，让他不断地吸取新的知识，产生新的思想，不断进步。

为了让男孩少走弯路，父母应该让男孩在生活中养成良好的自省习惯，鼓励他们每天或者每隔一段时间就对自己的行为进行反思。父母不妨在一天结束时，让男孩好好问问自己下面的问题：今天我到底学到些什么？我有什么样的改进？我是否对所做的一切感到满意？如果孩子每天都能有所改进并且过得很快乐，他必然能获得意想不到的丰富人生。真诚地面对和思考这些问题就是反省，其目的就是让男孩不断地突破自己，省察自己，开创成功的人生。

3.让男孩自己承担犯错的后果

周日，小刚和几个小朋友整整玩了一天。晚上，他又不肯早点睡觉，看电视直到11点。结果第二天早上，他没能按时起床。

上学的时间已经过了，妈妈发现小刚还在睡觉，但是，她没有叫醒他。当小刚像平常一样背着小书包来到学校时，他发现同学们已经上完一节课了。结果可想而知，他被老师狠狠地批评了一通。

回到家后，心情沮丧的小刚开始埋怨妈妈没有叫他起床，这位聪明的妈妈对儿子说："小刚，明知道第二天上学，你为什么不早点睡觉？你总习惯别人提醒你，但别人是不可能一辈子提醒你的。你要学会自己提醒自己，做错事后应该自己反省自己的错误！"

从此以后，小刚很少犯错误了。

男孩做错了事，许多父母常常替他们去承担犯错的后果，使男孩觉得做错了也没关系，从而丧失责任心，这不利于培养其自我反省的能力，使他以后容易再犯类似的错误。所以，父母应该让男孩自己去承担犯错的后果，让男孩明白，一旦犯错，将会造成不良甚至严重的后果。

树立财富观，让男孩正确看待金钱

父母都知道"授人以鱼，不如授人以渔"的道理，与其给孩子留下万贯家产，还不如教孩子学会理财，树立正确的财富观念。父母拥有巨额财富，并不代表你要留多少套房、多少存款给孩子，而是说父母能够传递给孩子怎样的财富观，这才是真正意义上的教育。

在欧美，很多真正的有钱人从来都不相信子承父业。很多有钱人都许下承诺，死后所有的资产都必将捐给慈善事业，而不会归属于他的后人，且这种做法在欧美国家的富豪间已成为一种不成文的规定。他们认为自己的财富是上帝的恩赐，全部来源于社会，最后也要把自己的财富反馈给这个社会，而子女是完全有能力依靠自己的智慧和劳动创造他们应该得到的财富的。

英国一位百万富婆叫希尔达，她有5个孩子，她逝世后，将其130万英镑的财产留给了教会和儿童慈善机构，没有给她的3个女儿和2个儿子留下一分钱，只是纪念性地给她32个孙子女和曾孙子女每人留下了5000英镑，为的是让他们记住她。这位富婆在遗嘱中写道："我深爱我的家人，但是我注意到继承财产会给我的家人带来极大的不幸，我不希望将任何财产直接留给我的孩子们，因为在我有生之年，他们已经得到了适当数量的钱财和一流的教育。我希望他们能理解我的遗愿。"

许多美国人都认同"钢铁大王"卡内基的一句话："一个人到死的时候还是家财万贯，这是一种耻辱。"事实上，大部分欧美富人都不会把自己的遗产传给子孙，而他们的子孙似乎对继承遗产也不感兴趣，因为很小的时候他们就已经知道父母绝对不会给他们留下任何钱财，而自己作为一个独立的人，必然要选择一条属于自己的正确道路，假如自己一味地依靠父母的遗产过活，那只能向世人证明自己是多么的无能。而这一点恰恰是我们国人所欠缺的。

一个在金融界打拼多年的父亲，去世后留给未满20岁的儿子上亿元人民币的财产。结果从他过世后，儿子即大肆买房、买跑车、出国旅游，恣意享受人生，结果不出3年，上亿元的遗产被儿子挥霍一空。

中国很多的富豪富不过3代，是因为父母只会给孩子留下钱本身，而不会把理财的观念教导给孩子，这是教育的缺失。

国内外教育专家一致认为：孩子越早接触钱，学会了理财，长大后也就越会赚钱。关键是父母如何教会孩子花钱、理财。进入21世纪的孩子，则更不可忽视生存必备的基本素质——财富观念和理财能力。

理财是一种生存技能，它让男孩学会理财是非常现实的选择。这不但可以让男孩在接受“理财教育”的过程中，正确对待、运用金钱，学到一些判断价值和培育道德的尺度，树立自尊、自立和责任感，促进其个性能力的发展，还能为其长大后独立理财和开拓、成就一番事业打下一个较好的基础。

1.培养男孩储蓄的习惯

小哲每天从幼儿园出来，总是缠着妈妈要这要那。小哲平均每天就要花掉四五元钱，妈妈粗略地算了下，小哲一个月要花掉一百二三十元，一年下来也是一笔不算小的支出。能不能把这笔钱存起来呢？她开始有意识地让小哲了解储蓄，懂得储蓄。

有一段时间，小哲非常想得到一个价值30元的玩具四驱车。妈妈利用小哲想买玩具的强烈愿望，因势利导，激起他存钱的兴趣。她对小哲说，假如你一天不吃零食，妈妈就给你存1元钱，这样一个月就能存30元，那时就可以买四驱车了。在以后的一个月里，小哲竟然抵制住了零食的诱惑，终于成功地存够了30元钱。

当他拿到心爱的玩具时，妈妈带小哲去参观银行，让他看妈妈把工资存入银行的过程，并教给他一些储蓄的基本知识，告诉他钱存入银行不仅安全方便，还可以得到利息，而且还能为国家建设做贡献。随后，妈妈给小哲制订了一个个有具体目标的储蓄计划：比如从最初的存30元的四驱车的钱，到存50元的大积木的钱，再到存80元的滑冰鞋的钱，储蓄的目标越来越高，存钱的周期也逐渐延长。现在，快要上小学的小哲正在一点一点地为存够156元买小写字桌而努力着！

储蓄是理财的基础。父母可以陪孩子到银行开通账户，也可趁机教导孩子一些存取款的手续和知识。当孩子拥有自己的一本存款簿，知道其中的数字意义，他会愉快地看着日渐增加的存款，进而养成良好的储蓄习惯。如果存款簿的数字很少，而孩子又有想买的东西时，孩子自然会加紧储蓄了。

2.鼓励男孩通过劳动挣取零花钱

刘力扬是小学四年级的学生，父母很少给他零花钱，因为他们希望孩子养成节约、不乱花钱的好习惯，但是妈妈会让孩子通过做家务的方式来挣取零花钱。她经常对刘力扬说："钱都是靠劳动得到的，如果你给妈妈帮忙，妈妈就会付给你一定的劳动报酬。"

每个周末，刘力扬都会自觉地做家务，扫地、擦拭家具、整理厨房等。最初刘力扬不知道该怎么打扫，工作效率低，妈妈只付给他3元钱。后来他干得越来越熟练了，效率提高了，报酬也随之增加。

虽然孩子挣的钱越来越多，可是妈妈不担心孩子有自己的收入了，就不再干家务，因为刘力扬经常对妈妈说："妈妈，你上班很辛苦，回来还要做家务，一定很累，我能帮你分担，是一件很开心的事。"妈妈很欣慰，因为通过劳动，孩子不仅学会了用劳动换取金钱，还学会了体贴父母。

鼓励男孩自己挣钱，是以培养男孩富有开拓精神，能够成为一个自食其力的人为出发点的。所以，父母要多培养男孩的劳动能力，让孩子理解，金钱是通过劳动换取的，让男孩懂得"勤劳致富光荣，好逸恶劳可耻"。父母还可以引导男孩适当参加劳动，以获得劳动报酬，体验用劳动换取金钱的快乐。

耐心引导，教男孩控制情绪和行为

情绪是指人们对客观事物所持态度产生的内心情感，在面对一些烦琐的事情时，人都容易产生焦躁不安，或者悲观、焦虑、沮丧、愤怒等情感，这些都是情绪的一种表现。

控制自己情绪和行为的能力是衡量一个人心理健康的重要标志。善于控制和调节自己的情绪，有助于建立良好的人际关系，培养健全的人格。

学会控制自己的情绪，对于每个人而言都是相当重要的，对孩子来说也是如此。孩子由于年幼，情绪调控能力比较弱，主要表现为情绪的易激动性、易感性、易表现性。家庭是孩子的第一所学校，父母应充分发挥家庭教育在孩子情绪调控能力形成中的特殊作用，创设良好的家庭情感氛围，让孩子在潜移默化的实践和体验中学会控制自己的情绪。

徐凯是一名大三的学生，好多年幼时经历的事情他已经忘记了，但在他10岁那年发生的一件事却令他记忆犹新。那一年的一个周末，他和朋友约好去郊外远足，但父母却说什么也不同意他去。徐凯感到十分愤怒，他跑回自己的房间，捏紧拳头在墙壁上猛击。他一面哭一面打，双拳血肉模糊都没感觉到。任何人的劝说，他都听不进去。最后，他父亲气得揍了他一顿。后来，母亲一声不吭地进来给他涂止痛药，并包扎好伤口，但是，母亲始终也没有说一句话安慰他。于是，又恨又怒的徐凯又倒在床上大哭了半个多小时。直到他心情平复后，母亲才进来对他说："能控制自己情绪的人才能掌握自己的命运。发怒本身就是一种自我伤害，而且对事情的解决是于事无补的，需要你好好克服。”

就这样，母亲对他所说的话深深地印在了徐凯的心中。虽然现在他已经成年了，懂得了许多道理，但只要一回想起当年的事情，他就觉得母亲那次和自己的谈话是这一辈子最值得珍惜的谈话。

情绪控制是一个人人都必须掌握的很重要的能力，孩子随着年龄的增长，应该学会控制自己的情绪，情绪控制不好会影响孩子的注意力、人际交往、适应和性格，最终影响孩子的生活质量。有研究表明，儿童时期情绪调节能力的高低，是他们以后生活中能否成功、是否快乐的最好预示。

教男孩学会管理自己的情绪实在是一件非常重要的事情，亚里士多德说过：“任何人都会生气，这没什么难的，但要能适时适当，以适当方式对适当的对象恰如其分地生气，可就难上加难了。”情绪管理是一种能力，也是一种智慧。指导男孩学会管理情绪，就是帮助男孩成熟和成长。

1.教男孩一些调节情绪的方法

从前，有一个脾气很坏的男孩。他的爸爸给了他一袋钉子，告诉他，每次发脾气或者跟人吵架后，就在院子的篱笆上钉一个。第一天，男孩钉了37个钉子。后面的几天他学会了控制自己的脾气，每天钉的钉子数量也逐渐减少了。他发现，控制自己的脾气，实际上比钉钉子要容易得多。终于有一天，他一个钉子都没有钉，他高兴地把这件事告诉了爸爸。

爸爸说：“从今以后，如果你一天都没有发脾气，就可以拔掉一个钉子。”日子一天一天过去，最后，钉子全被拔光了。爸爸的方法让这个小男孩学会了控制自己的情绪。

男孩正处在成长阶段，他的心智还没有完全成熟，他没有那么多心力来承担成人的喜乐哀愁。父母要以安慰的言辞和关爱的态度对男孩施与同情心，帮助男孩发泄他们的情绪，辅导男孩进行情绪调整，如冷处理、设法转移孩子注意力等。同时父母也应帮助男孩学习如何主动自觉地控制其情绪。例如：在盛怒时，不妨赶快跑到其他的地方，或找个体力活来干，或者干脆跑一圈，这样就能把因盛怒激发的情绪释放出来。

2.关注男孩的情绪变化

关注男孩的情绪与心理变化，帮助他们有效地管理好自己的情绪，平复情绪都是父母的责任。但生活中，有不少父母却忽略了男孩的情绪与心理变化，导致男孩情绪低落，学习兴趣和学习效率降低，这很不利于男孩的健康成长。

李悠是个很喜欢小动物的孩子，家里养了小猫、小狗，还有大白兔。他最喜欢大白兔了，每天都要给大白兔喂新鲜的菜叶，大白兔在他的照顾下也变得白白胖胖的，但是有一天，大白兔突然死了，李悠为此很伤心。

李悠生活在闷闷不乐之中，心情也十分沉重。由于整天被这样的情绪左右，他的睡眠质量也开始下降，在学校里的学习状态也受到了影响。

粗心的爸爸妈妈一直忙于自己的工作，忽略了孩子的情绪变化，最后，李悠得了严重的抑郁症，只好休学在家。

在日常生活中，父母应高度关注男孩的情绪变化，一旦发现异常情况，一定要及时和男孩沟通。当男孩感到悲伤失望时，父母要及时给男孩以安慰，让他把自己的不满和委屈都讲出来，并学会正确地运用心理疏导方式帮助孩子及时走出不良情绪的困扰。如果男孩的不良情绪长期得不到宣泄，就会发生壅塞，只会渐渐地使男孩走向消极。

珍惜时间，让男孩管理好自己的时间

在时间飞逝的年代，谁能够把握、利用好时间，谁就最能够接近成功的终点。美国总统林肯曾说过："每个人都要树立时间观念，都应珍惜时间，要学会利用有限的时间，在限定的时间内办完事，把握零碎的时间，做好时间管理的计划。"

"记住，时间就是金钱。假如说一个每天能挣10个先令的人，玩了半天或躺在沙发上消磨了半天时光，他以为他在娱乐上仅仅花了5个先令而已。不对！他还失掉了他本可以挣得的5个先令。金钱就其本性来说，绝不是不能生值的。钱能生钱，而且它的子孙还会有更多的子孙。谁杀死一头生仔的猪，那就是消灭了它的一切后裔；如果谁毁掉了5先令的钱，那就是毁掉了它所能产生的一切，也就是说，毁掉了一座英镑之山。"

这是美国著名的思想家本杰明·富兰克林的一段名言，它通俗而又直接地阐释了这样一个道理：如果一个人想有所成就，必须重视时间的价值。

时间是组成生命的因子，生命只不过是一条在时间中流动的河。一个人的生命价值的高低，取决于这个人对时间利用的多少。时间的每一时、每一分、每一秒都是值得珍惜的，应把每一分钟都当成最后一分钟来对待，让每分钟都过得有价值、有意义。

本田宗一郎生于日本静冈县一个贫穷农家里。

由于家中孩子多，经济又困难，幼小的宗一郎便帮助父亲拉风箱，经常在作坊间捡拾铁片。他看到父亲用灵巧的双手打出锄头、犁耙和小农具，感到新奇又好玩，便将捡到的铁片，学着父亲的样子敲打，做成各种小玩具，送给小弟弟玩。

宗一郎拉风箱学打铁，他看到父亲累得满头大汗，脖子上挂着的毛巾也被汗水浸湿了，觉得十分心疼，便问道："爸爸，你不能慢慢地打吗？看你累成这个样子。"父亲十分严肃地说："要是慢吞吞地打，铁坯冷却了，就不能打成农具。做什么事，都要讲究速度，要迅速。"

幼小的宗一郎头脑灵敏，对什么事情都要提出为什么。一次，他见到父亲把三块烧红的铁坯放在铁砧上，不停地轮番敲打，父亲打铁技艺精湛，锻打的声音有板有眼。宗一郎好奇地问道："爸爸，你为什么要三块铁一起打，不如一块一块去打，就不紧张了，也不会这么累呀。"父亲回头看了他一下，温和地告诉他说："这几块铁坯体积小，可以放在一起打，能够一起打的铁，就不要分开去打。这样节省时间又多出活儿。你要记住，做工作要多动脑筋，能够集中干完的活儿不要分开去干，这样可以节省时间。当天的活儿要当天干完，每天都有新的工作。"

父亲打铁的启发，深深地印刻在宗一郎的脑海里，仿佛一颗种子埋进了肥沃的土地中，直到后来他创办本田技术研究工业总公司，宗一郎一直把高效、高速的行事作风贯彻始终，并作为本田公司的传统，一代一代传下去。

善用时间就是善用自己的生命。莎士比亚说："放弃时间的人，时间也会放弃他。"如果你从手上放走时间，你就是放走自己的生命；你把时间掌握在手中，你就掌握着自己的生命。

人生真的太短暂了，我们每个人的生命是有限的，如何教育孩子珍惜时间，有效地利用短暂的一生去成就更辉煌的事业，这是父母应该认真思考的问题。

在现实生活中，许多父母都抱怨孩子松散、拖拉，“一点时间观念都没有”。我们常常看到这样的情况：有的孩子作业不能按时完成；考试不能按时交卷；上课总是迟到；一天到晚匆匆忙忙却徒劳无功；放学的路上边走边玩，几分钟的路程可以走上一个小时等，这都属于孩子缺乏时间观念的表现。孩子成了时间的奴隶，而不是时间的主人。这不仅不利于孩子良好学习、生活习惯的养成，而且对孩子的身体和智力发育都存在较为严重的不良影响。因此，教孩子懂得珍惜时间，并有效地利用人的短暂的一生去成就辉煌的学业和事业，这会使他们终身受益。

1.制订作息时间表

孩子没有养成良好的作息习惯，就不会具备合理把握时间的能力。时间资源利用得好，对孩子的生活和学习就会产生很大的帮助。孩子的惰性比较严重，但是父母要让孩子养成有规律的作息习惯，这是让孩子养成时间观念的最好途径。

蒋平是一个时间观念不强的孩子，做事非常慢。由于这个不好的习惯，他上学经常迟到，早晨在家被父母训斥，到学校后被老师批评。而且，根据老师的反映，他上课写作业速度特别慢，眼睛看着课本，就是不写，要么摆弄铅笔，要么摆弄橡皮，10分钟过去了，他还一个字没写。

为了帮助儿子改掉拖延的毛病，妈妈和蒋平一起制订了一张作息时间表，上面列举了一天的时间安排，如6：30起床，6：45洗漱，7：00吃早点，7：30上学……21：00睡觉，内容很详细。同时还制订了一个互相监督计划，蒋平监督妈妈，妈妈监督蒋平，爸爸做裁判。

这样做了一段时间以后，蒋平做事速度明显加快。现在，蒋平还学会了根据时间和情况的紧急程度来调节做事速度，基本上有了初步合理把握时间的能力，迟到、写不完作业的现象几乎绝迹。

为了提高孩子的时间观念，父母可以和孩子一起制订一个作息时间表，让孩子感受到时间的流逝以及时间与自己某些活动的联系，最好是具体到细节，比如什么时间起床，洗漱需要多长时间，吃饭需要多长时间，放学后做作业和看电视多长时间，几点休息等，都要严格制订，这样会对孩子起到约束和监管的作用。父母对孩子时间管理得越严越细，孩子效率越高。

2.通过讲故事引导孩子珍惜时间

孩子往往对故事书很着迷，父母找一些有关名人守时的儿童读物，让他自己看，或者亲自给他讲一讲；有时父母也可以讲一些因为不遵守时间而造成重大损失的故事给孩子听。生动的故事能让孩子从中受到教育，使孩子逐步认识到珍惜时间的重要性，逐步树立时间观念，增强时间意识，从而在学习、生活中养成珍惜时间的习惯。

3.与孩子开展速度的比赛

孩子都喜欢比赛游戏，喜欢当第一。父母可以经常与孩子搞一些小比赛，如比赛洗脸、穿衣、收拾玩具，使他们在比赛中提高做事的速度，这时孩子会很高兴地赶紧把事情做完。在比赛时，父母可以故意放慢一点速度，让孩子觉得有取胜的可能，甚至有时候父母可以不经意输给孩子，让孩子觉得自己能做得快。

树立正确的人生观，与男孩谈谈未来

人一生的成功、幸福、快乐，很大程度上取决于自己的人生态度，也就是我们常说的人生观，培养孩子积极向上的人生观，比学习知识更重要。

对男孩来讲，树立正确的人生观是成才的需要。我国著名作家柳青说过："人生的道路虽然漫长，但紧要处常常只有那么几步，特别是年轻的时候。"因此，父母必须逐步帮男孩树立正确的人生观。

刘凯一向挺自信的，上初三那年。忽然有几天他显得情绪飘忽不定。父亲跟他聊天才发现，原来他看了几本名人传记后受到感动，梦想着自己也能建功立业，出人头地，转而又怕自己平庸无为而惶惑不安。

接连几天，父亲与刘凯一有空就拾起这个话题，激烈争辩后，刘凯有了明确的答案。他认识到："世界上没有比人更高的山，敢拼才会赢。"刘凯的雄心壮志难能可贵，但是创业的艰辛无法回避，机会可遇不可求，它只青睐有准备的人。刘凯懂得了功名的光环只能罩在幸运儿头上，但是普通劳动者同样可敬，无名英雄通过努力也能获得成功与幸福。

在孩子的生活中，会遇到很多的挫折和挑战，孩子难免会出现消极的心态，这个时候，父母就需要在孩子的身边不断地鼓励，让孩子找到积极应对的方法，鼓励是孩子形成正确人生观不可或缺的条件。

一个人的价值观能够体现他对事物对人生的态度，如果孩子从小开始树立正确的价值观便能为以后铺平道路。不可否认，“人生”是个大课题，但这并不意味着只有成年人才有资格探讨、体悟。孩子的理解能力有限，但只要用恰当的方式去引导、去发掘，孩子同样可以获得对人生的理解和感悟，从而指导他们的行动。无疑，拥有正确的价值观对孩子的成长是大有裨益的。

有一位老师给一个男孩做心理辅导，老师问这个男孩：“你长大准备做什么呀？”

男孩说：“我准备当黑社会老大。”

老师问：“为什么？”

男孩说：“做黑社会老大感觉真棒，一挥手就能指挥一群人，那群人都得听我的话，看谁不顺眼让兄弟们上去就收拾他一顿。”

这显然就是人生观的问题了，人生观是人们对人生目的和人生意义的根本看法和态度。它决定一个人做人的标准，是把握人生方向，抉择人生道路的指南。如果一个人没有树立正确的人生观，在人生征途上，他就会或彷徨徘徊，或随遇而安，或庸庸碌碌，无所作为。相反，一个人树立了正确的人生观，就能正确地对待苦与乐、好与坏、荣与辱、美与丑、善与恶、生与死、公与私，友谊和爱情，就可以使自己的一生过得有意义、有价值。人生观是决定人生成败的总开关，而孩子人生观的形成与家庭环境和社会环境是密不可分的。

任何人都是有理想、有信仰的，每一个社会成员都需要确立自己的人生目标。父母对孩子的家庭教育可以分为两个方面：一方面，进行观念性的教育，从根本上和孩子谈些关于人生目标的问题，也要让孩子明白人生目标的意义；另一方面，父母要经常和孩子讨论人生大事和人生经验。不管工作有多忙，父母每天都要抽出一定的时间和自己的孩子交流，哪怕只有10分钟，这10分钟的时间，也能够向孩子传递正确的人生观和价值观。

总之，正确的人生观是孩子走向成功的关键，孩子人生观的树立，离不开父母的鼓励和指导。

1.帮孩子树立远大的理想

刘先生的儿子是初二的学生，成绩不好，其他方面也表现平平，他贪图享乐，虽然他也觉得看电视玩游戏会玩物丧志，可是总抵挡不了诱惑。他经常流露出对未来的迷茫，没有同龄人应有的朝气和活力。有一次，老师让写作文《我的理想》，他竟然不知道怎么写。为此，刘先生很苦恼。

理想是人生观的精神支柱，是人生观的重要组成部分。如果一个人没有自己的理想与信念，他的人生价值也许会无法体现，他的心灵便会因为空虚而倍感无聊。所以父母必须让孩子明白，人的生命是有限的，要使有限的生命变得有意义，就必须使人生具有明确的奋斗目标，这样人才能在明确的目标指引下沿着正确的人生道路前进，这对孩子的一生具有决定性意义。

引导孩子树立自己的理想与信仰，是使他们生活快乐、学习努力、健康发展的重要途径。家庭教育应注意帮助孩子树立正确的生活理想、职业理想和社会理想，从选择生活道路，确立生活目标开始，帮助他们选择未来职业，并逐步明确做人标准，树立崇高的社会理想。

2.做孩子正确人生观的向导

孩子在人生观的形成过程中，会遇到很多的疑惑和不解，这个时候，父母就需要对孩子进行积极的引导，对孩子的疑惑和不解，进行正确解答，帮助孩子树立正确的人生态度，形成积极的人生观。

美国有个黑人水手带着他的儿子去丹麦，在安徒生的故居前，儿子困惑地问：“爸爸，安徒生不是生活在皇宫里吗？”父亲回答道：“安徒生是个鞋匠的儿子，他就生活在这栋阁楼里。”这个黑人的儿子叫伊尔·布拉格，20年后，他成为美国历史上首位获普利策奖的黑人记者。在回忆童年时，他说：那时我们家很穷，父母都靠出卖苦力为生。有很长一段时间，我一直以为，像我们这样出身卑微的黑人是不可能有什么出息的，安徒生的故事告诉我，上帝没有这个意思。

伊尔·布拉格的父亲培养孩子的理想用了两个办法，一是让孩子参观了解他所崇拜的人物的居住地与生活经历，从而在孩子心中点燃理想的火种；二是用事实告诉孩子，出身卑微也可以拥有理想。这就是父亲对孩子人生观的培养，不露痕迹。

没有正确的人生观做指导，人生就如同在黑夜中赶路，找不到正确的方向。当孩子迷茫时，父母要做的就是，激励孩子正确面对人生，树立正确的人生观。

3.父母要正确引导孩子的言行

父母是孩子人生路上的领路人，父母很多行为和态度都会被孩子模仿和学习，人生观也是如此。所以，父母在言行举止间都要思考一个问题：自己的做法会对孩子有一种什么样的影响，会给孩子传达一种怎样的信息。

张弛是一个学生干部，在各方面对自己要求都很高，初中二年级时已经是一名光荣的共青团员。虽然很年轻，可他已经有了忧患意识。受了老师与团组织的教育，他痛恨社会上的不良风气，并经常在看新闻联播时，批判贪污腐败的堕落行为。但是家人往往对他的言论不予理睬，并对他说："这些你也管不了。"这使得他的心情很不愉快。

有一次，当经理的父亲受到某乡镇企业的邀请，可带上家属外出观光旅游。张弛坚决不肯去，他说："你们总是教育别人要廉洁奉公，可自己却耗费集体资财，变相受贿，我是不会'同流合污'的。"父母不思其心可嘉，其志可敬，反而面面相觑，不解地问："这孩子脑子是不是出了毛病？"

最终，张弛没有去，母亲为了照顾他也没去成。可母亲万分惋惜，对他疾言厉色。这使张弛的心情非常难受。

显然，张弛父母的人生观和价值观存在严重的问题，无法给孩子一个正确的人生指导，但令人欣慰的是张弛有自己坚定的人生信念。

父母是孩子的一面镜子，父母的言行对孩子有潜移默化的作用。如果想要孩子有远大理想，父母首先就该是个有理想、敢奋斗的人，这是最简单不过的道理了。在家庭教育中，父母要正确引导孩子的言行。一方面要规避"功利"交往在孩子眼前出现，另一方面则更要以正确的言行来教育孩子，帮助孩子树立正确的人生观和社会交往意识。

戒除网瘾，引导男孩走向新生活

网络成瘾，作为一种心理症状困扰着成长中的青少年。它诱发了孩子的"情感冷漠症"，使他们对外界事物失去兴趣，社交圈缩小，沉溺在虚拟的网络世界中不能自拔。网络时代的父母，必须采取有效措施，防治孩子的上网成瘾症。

信息时代，电脑网络无处不在，作为当代青少年，他们利用网络获取了大量资源和信息，开阔了视野。但也有一些人经不住网络的诱惑，上网成瘾。如有的孩子沉迷网络游戏、上网聊天，甚至上黄色网站，像着了魔一样没日没夜地泡在“网吧”，导致逃学、辍学、偷窃、伤人，最后走上了犯罪的道路。医学研究发现，终日沉迷电脑网络，往往容易导致网络心理病，医学上称“互联网成瘾综合征”。

16岁的武斌被送进天津安定医院已经有一个多星期了，他的爸爸妈妈一下子老了好几岁。他们一听别人说起上网的事就有些敏感，因为正是上网导致武斌精神异常的。

兰州一位15岁的初三学生，因为父母取消了家里的宽带上网功能，急得用手拍打自己，用头撞墙，甚至用火烧自己。他的父母说，孩子平时精神不济，懒得与人交谈，可是一上网就两眼放光，脸色红润，思维敏捷。

乌鲁木齐市一位16岁少年，因沉迷上网不能自拔，母亲恨铁不成钢，为让儿子反省，将他赶出家门。天亮后该少年回家，母亲又唠叨起来，他竟用菜刀将母亲杀死。

据中国青少年网络协会提供的数据，目前，城市上网学生占学生人口总数的比例为25.8%，初中生为30%，高中生为56%。据统计，患网络成瘾症的青少年网民高达10%～15%，网络这把“双刃剑”正在无情地吞噬着青少年的身心健康，他们由于特殊的人格特征和心理需求，从而成为网络成瘾的高发人群，越来越多的青少年对互联网产生依赖感，并达到成瘾的程度。它像酗酒、吸毒和赌博等不良嗜好一样，对人们的工作、学习和生活产生破坏性影响，从而影响人正常的生存能力。

上网成瘾的主要原因：一是好奇心，青少年有一种天然、自发的积极探索外部世界的心理倾向，网络游戏吸引、诱惑了一些人的好奇心，使其一发不可收拾，沉迷其中不可自拔。二是心理不成熟，学习压力和人际关系等原因，导致青少年处于一种心理苦恼期，上网聊天、交友、网恋成为其宣泄情感和求得理解的方式。三是个体性格缺陷和一些不恰当的家庭教育方式所影响，比如缺乏自信、敏感内向、父母溺爱或者忽视、强迫孩子，都会使孩子容易受到网络的诱惑。四是青少年的心理自控能力差，一旦上网成瘾，则很难戒掉。

网瘾是一种比较强烈的习惯，是一种认识问题。在了解了男孩的网瘾成因后，要解决男孩的网瘾问题，根本的途径就是：家庭亲情与素质教育相结合。走进男孩内心，做好与男孩的心灵沟通是真正的科学戒网瘾办法。

1.培养男孩广泛的兴趣爱好

有一个读初二的男孩子，曾一度迷恋网络，这影响了他正常的学习乃至生活。为此，父母伤透了脑筋，曾使出了打、骂、关等招数，却收效甚微。后来，他的父母想到儿子以前很喜欢画画，便想把孩子的兴趣爱好重新转移到画画上。在一次暑假期间，做通孩子思想工作后，父母把儿子送到一个美术培训班。刚开始，儿子确实有些坐不住，但毕竟画画是他原来的爱好，也就坚持下来了。经过一个多月的培训，儿子的画画水平大有提高，不仅提高了画画的兴趣，更让人感到高兴的是，孩子逐渐从网瘾中走了出来。

培养男孩广泛的兴趣爱好对于克服网瘾也起着至关重要的作用。父母要丰富男孩的业余生活，鼓励他们平时多参加各种活动。如外出旅游、参加社会公益活动、参加体育锻炼等，培养他们对某种活动的兴趣，让他们从兴趣爱好中获得乐趣。男孩的注意力转移了，对网络的依赖感也就减轻了。

2.给男孩更多的关心

男孩沉迷于网络，最伤心的是父母。但许多父母并不知道，男孩的网瘾到了这种地步，其中许多原因是父母造成的。大多数父母平时忙于工作，对男孩的照顾只是满足于“吃饱了，喝足了，穿暖了，兜里有点零花钱”，对男孩缺少实际上的关心，导致男孩将大量时间和精力花费在电脑网络上，这是男孩患上“网瘾”的重要原因之一。

刘先生的儿子曾非常出色，学习成绩好，同学佩服，老师喜欢，父母也为他骄傲。但上高二时儿子迷上了网络游戏，成绩下降，刘先生非常着急，眼见劝说无效，便动手打了孩子，引起孩子更大的抵触反应，刘先生深感苦恼。为寻找解决问题的方法，刘先生去图书馆查阅有关家庭教育和青春期孩子心理方面的资料，感到很有收获。他反省自己，儿子进入青春期后与父母交流少了，自己除了关注儿子的学习成绩，保证他吃饱穿暖外，其他方面很少关心。从这以后，刘先生每天尽量早点回家和儿子谈心，每个星期还和儿子定期出去做一些体育运动。随着刘先生对儿子关心和交流的增多，儿子的上网时间逐渐减少。这样坚持了一年，孩子的学习成绩稳定了，各方面情况正常，虽然还玩电脑，但不耽误学习。暑假期间，姥姥生病他去照顾了一周，没有摸电脑，姥姥夸他很会照顾人，刘先生感觉到很欣慰。

面对沉迷网络的男孩，父母需要做的是花更多时间关心男孩，想把男孩从网络中拉出来，父母必须从关心男孩的现实生活开始，多关注男孩的情感需求，多关注男孩的心理变化，多帮助男孩解决学习和生活中的困难，多给男孩子一些鼓励，多让男孩体验成功的喜悦。男孩在现实生活中的满足感和快乐感增加了，他就不会老沉迷于网络而无法自拔了。

3.引导男孩达成“戒网瘾”的共识

不要认为那些患有网瘾症的男孩特别喜欢网络，很多时候，他们是依赖网络而不是喜欢网络，他们是拿自己没办法。他们不是自己的主人，而是网瘾的奴隶。所以父母在“怒其不争”的同时，也应该有“哀其不幸”的感情。很多父母对患有网瘾症的孩子采用粗暴的制止和严厉的斥责方式，这往往不能奏效而且会起到相反的作用。因为孩子本来也有厌恶网络的心理，但是过度的外界干涉和惩罚会模糊这种意识，而使他认为他讨厌网络是外界强加给他的而不是他自己本身的感受。

所以，父母明智的做法是停止对孩子上网的干涉，找一个孩子比较平静的时候，心平气和地跟孩子进行交谈。先不要谈父母对他的期望和他自己学业的荒废，因为这些压力过大，会让孩子因为逃避而更加沉迷网络，而是应该积极地唤醒孩子对他目前状态的认识。

交谈的目标是在尽可能不让孩子感到惭愧和压力的同时，引导孩子反观自己现在的状态，同时倾听自己内心积极的声音，并且初步建立对自己的信心，从而激发孩子的内在戒网瘾动机。父母不应该让孩子感到你是禁止孩子上网的法官，而应让他们体会到，你是帮助他们从无奈状态中走出来并共同开创新生活的朋友。必须明确，父母讨厌的不是孩子，而是孩子身上已经形成的对网络依赖的惯性，父母应该与孩子结成“统一战线”，共同消灭孩子身上的这个“惯性”。一旦父母能够在这方面和孩子达成认识上的统一，帮助孩子戒除网瘾就成功了一半。

当父母成功地引导男孩认识到戒网瘾的必要性的时候，就应该及时将男孩积极的想法强化，比如，让孩子把决心戒网瘾的话语写下来贴在墙上或者带在身上，也可每天早上让孩子大声朗读等。